Nicola Raschendorfer
Stefanie Schultze-Moderow

Fördermaterial:

Auditive Wahrnehmung
und phonologische Bewusstheit

Basistraining

Verlag an der Ruhr

Impressum

Titel
Fördermaterial: Auditive Wahrnehmung
und phonologische Bewusstheit – *Basistraining*

Autorinnen
Nicola Raschendorfer, Stefanie Schultze-Moderow

Titelbildmotive
Kind: © SergiyN – Fotolia.com;
CD-Rohling: © James Blacklock – stock.adobe.com

Illustrationen
CD-Icon: Magnus Siemens; ansonsten siehe Copyrighthinweise

Layout
Melanie Reich, ideenreich

Druck
Heenemann GmbH & Co. KG, Berlin, DE

CD-Produktion
Optimal media GmbH, Röbel/Müritz, DE

Verlag an der Ruhr
Mülheim an der Ruhr
www.verlagruhr.de

Geeignet für Kinder von 3–10 Jahren

ISBN 978-3-8346-2976-0

Inhaltsverzeichnis

Ihr persönlicher Zugang:
Alle auf der Audio-CD enthaltenen Geräusche können Sie auch als MP3-Dateien unter folgendem Link oder über das Einscannen des QR-Codes herunterladen:
https://cloud.verlagruhr.de/lerninhalt/UoilhbJbAyJB

Passwort: PhonB23

Sollten der Link und der QR-Code ihre Gültigkeit verlieren, wenden Sie sich bitte an digitaleslernen@verlagruhr.de

Liebe Leser,*

Theo ist ein leistungsstarker Schüler mit besonders ausgeprägten Kompetenzen im sprachlichen Bereich. Sein Wortschatz ist umfangreich und sein breites Allgemeinwissen kann er in Sätzen von komplexer Struktur wiedergeben. Aufgaben erledigt er schnell, manche sagen zu schnell. Häufig passieren ihm Fehler, die er hätte vermeiden können, wenn er seiner Lehrerin bis zum Ende zugehört hätte. Das ärgert ihn selbst nicht weniger als seine Eltern.

Die Klasse 1c ist im ersten Schulhalbjahr gut als Gruppe zusammengewachsen. Es sind viele Freundschaften entstanden und die Kinder haben insgesamt gute Beziehungen zu ihrer Lehrerin aufgebaut. Wenn es um das Arbeiten geht, ist die Gruppe jedoch recht wuselig. Es dauert noch sehr lang, bis eine Arbeitsatmosphäre entsteht und alle bereit sind, ihre Aufmerksamkeit darauf zu richten, was die Lehrerin sagen möchte. Sie würde gern mit der gesamten Klasse erarbeiten, was „Zuhören" bedeutet und wozu dies gut ist.

Jannik schreibt die geübten Diktate der zweiten Klasse recht gut und liest geübte Texte aus der Fibel mit wenigen Fehlern. Wenn er Geschichten erzählt, beeindruckt er durch einen großen Wortschatz. Seine freien Texte stehen in krassem Widerspruch zu diesen Leistungen. Nach einer genaueren Auseinandersetzung mit Janniks Lernverhalten stellt die Lehrkraft die Hypothese auf, dass Jannik Wörter ausschließlich auf visueller Ebene erlernt. Er prägt sich unter Rückgriff auf eine ausgeprägte logographische Kompetenz alle Wörter rein visuell ein. Phonologische Strategien, wie etwa das Silbengliedern, sind sehr unzureichend ausgeprägt. Trotz enormer Gedächtnisleistung im visuellen Bereich gerät Jannik mit dieser Strategie nun an seine Grenzen. Sein einseitiger Zugang zur Schriftsprache hat ihn in eine Sackgasse geführt.

Für Kinder und Situationen wie diese ist der vorliegende Band zur Förderung der auditiven Wahrnehmung und phonologischen Bewusstheit gedacht. Es liegt auf der Hand, dass diese Lernbereiche in den sprachlichen Fächern von großer Bedeutung sind, etwa wenn bei Diktaten verlangt wird, sich auf den gesprochenen Text zu konzentrieren, ihn sich zu merken und dann zu verschriftlichen. Der vorliegende Band ist in die beiden großen Teilbereiche **auditive Wahrnehmung und phonologische Bewusstheit** gegliedert. Während die phonologische Bewusstheit seit vielen Jahren als die Basiskompetenz für das Erlernen des Systems der Schriftsprache Anerkennung findet, ist die auditive Wahrnehmung für viele weitere Unterrichts- und soziale Situationen wichtig. Genannt sei hier unter anderem, sich Arbeits- und Verhaltensanweisungen zu merken, um ihnen – gegebenenfalls auch mit zeitlicher Verzögerung – folgen zu können.

Für die Arbeit mit diesen Materialien ist es nicht notwendig, zunächst Übungen zur auditiven Wahrnehmung zu bearbeiten, um dann zu den Übungen der phonologischen Bewusstheit überzugehen. Wir haben die auditive Wahrnehmung der phonologischen Bewusstheit vorangestellt, weil sie unserer Erfahrung nach allgemeinere Bedeutung hat, die sich nicht ausschließlich auf den Schriftspracherwerb bezieht.

In beiden Teilen gibt es sehr viele Übungen, die schon mit Kindern im Vorschulalter durchgeführt werden können. Die Mehrzahl der Übungen ist jedoch für Kinder konzipiert, die die erste oder zweite Klasse der Grundschule besuchen.

Im Folgenden sollen die Teilbereiche der auditiven Wahrnehmung und der phonologischen Bewusstheit etwas genauer beschrieben werden, damit Sie das Material passgenauer heraussuchen können.

Im Kapitel **„Auditive Wahrnehmung"** liegt ein Schwerpunkt insbesondere auf der **auditiven Aufmerksamkeit**, also der Fähigkeit, sich dauerhaft akustischen Reizen zuzuwenden und auch beim Wechsel der Lautquelle (Lehrer – Mitschüler – Lehrer) auditiv am Ball zu bleiben. Da es kein Testverfahren gibt, um die

* Aus Gründen der besseren Lesbarkeit haben wir in diesem Buch durchgehend die männliche Form verwendet. Natürlich sind damit auch immer Frauen und Mädchen gemeint, also Lehrerinnen, Schülerinnen etc.

auditive Aufmerksamkeit zu überprüfen, sind selbst Fachleute hier auf Verhaltensbeobachtungen angewiesen. Kinder, die in diesem Bereich Schwierigkeiten haben, bauen im Laufe des Vormittags häufig in ihren Leistungen ab und/oder zeigen zunehmend störende Verhaltensweisen. Dies ist darauf zurückzuführen, dass sie mit wachsender Ermüdung immer weniger in der Lage sind, das für den Unterricht notwendige Aufmerksamkeitsniveau aufrechtzuerhalten bzw. immer wieder herzustellen. Ein Signal für Probleme in der auditiven Aufmerksamkeit kann sein, dass sie im mündlichen Unterricht eher auf „Reizwörter", die sie gerade interessieren, als auf die tatsächlichen Inhalte des Unterrichtsgespräches reagieren. Die vorliegenden Materialien schaffen immer wieder die Gelegenheit, mit den Schülern auf einer Metaebene das genaue Hinhören zu reflektieren und Bezüge zum Unterricht herzustellen. Die Durchführung der Übungen ermöglicht es der Lehrkraft, zu beobachten, wie sich das Kind in Situationen, in denen das Hören gefragt ist, verhält und welche Leistungen es im Vergleich zu den Mitschülern zeigt.

Der **auditiven Merkfähigkeit** wird ebenfalls ein besonderer Stellenwert zugeschrieben. In vielen Bereichen ist es für den Lernerfolg von großer Bedeutung, eintreffende akustische Signale für eine Weiterverarbeitung zu speichern. So ermöglicht das auditive Gedächtnis die Sinnentnahme, z. B. beim Lesen längerer Texte oder auch schon früher in der Phase des buchstabenweisen Erlesens von Wörtern, wenn die „Übersetzung" der Grapheme in Laute noch schwerfällt und viel Konzentration bindet. Auch beim Kopfrechnen oder im Nutzen von Zwischenergebnissen sind Kinder mit guter auditiver Merkfähigkeit im Vorteil. Kinder mit Schwächen im auditiven Gedächtnis sind vom Lerntyp her meist deutlich visuell orientiert, zeigen aber Schwierigkeiten in den eben genannten Arbeitsbereichen. Es fällt ihnen außerdem schwer, mündliche Handlungsanweisungen komplett umzusetzen, insbesondere wenn diese aus mehreren Teilschritten bestehen.

Ein weiterer Teilbereich der auditiven Wahrnehmung ist die **Figur-Grund-Unterscheidung**, auch **Selektivität** genannt. Sie ermöglicht es den Kindern, aus der Vielzahl der Geräusche im Klassenraum die Stimme der Lehrkraft herauszuhören. Kinder, die auditiv sehr ablenkbar sind und auf alle möglichen Störgeräusche reagieren, haben oft Probleme in der Figur-Grund-Unterscheidung. Darum ist für sie eine leise Lernumgebung besonders wichtig. Da es aber im Unterricht nicht jederzeit möglich ist, die Ruhe zu schaffen, die die betroffenen Schüler eigentlich bräuchten, ist es wichtig, im Blick zu behalten, dass Situationen mit Störgeräuschen für diese Kinder eine besondere Herausforderung darstellen und dass schlechtere Leistungen nicht unbedingt auf mangelnde Motivation oder Konzentrationsprobleme zurückzuführen sind.

Neben diesen Bereichen der auditiven Wahrnehmung, zu denen Sie im vorliegenden Heft Übungen finden, unterscheiden Experten noch die **auditive Lokalisation**, das **Lautheitsempfinden** und das dichotische Hören *(vgl. Ebert, H. 1997, S. 36, in: Auditive Wahrnehmung; Marianne Frostig – Lernschwierigkeiten angehen – gemeinsam mit allen Beteiligten (Jahrestagungen 1995 und 1996), Dortmund: Borgmann, 1997).* Kinder, die hier Schwierigkeiten haben, können sich in Unterrichtsgesprächen nur schwer zum Sprecher hin orientieren, beschweren sich, sobald durcheinandergesprochen wird, oder beklagen sich häufig über zu großen Lärm.

Als letzter und für das Lernen sehr wichtiger Bereich ist die **auditive Diskrimination** zu nennen. Die Lautdifferenzierung bezeichnet die Fähigkeit, Ähnlichkeiten und Unterschiede von Sprachlauten zu erkennen. Probleme in diesem Bereich können sehr komplex sein und im Zusammenhang mit Schwierigkeiten im Frequenzselektions- oder Zeitauflösungsvermögen stehen. In Bezug auf die Förderbarkeit im Unterricht werden Sie hier jedoch schnell auf Grenzen stoßen. Probleme in der auditiven Diskrimination führen oft zu einer Lese-Rechtschreib-Schwäche. Eine genaue Diagnostik sollte spätestens erfolgen, wenn sich im Schriftspracherwerb Probleme ergeben.

Der zweite Teil des Heftes behandelt die **„phonologische Bewusstheit“**. Diese bezeichnet die Fähigkeit, vom bedeutungstragenden Inhalt der Worte zu abstrahieren und formale sprachliche Einheiten wie Wörter, Silben, Reime und Laute in der gesprochenen Sprache zu identifizieren. Die **phonologische Bewusstheit im weiteren Sinn** bezeichnet Strategien, mit denen der Sprechstrom segmentiert oder analysiert werden kann, beispielsweise die Silbensegmentierung oder die Reimerkennung (Übungen S. 68–92). Die **phonologische Bewusstheit im engeren Sinn** fokussiert die kleinste sprachliche Einheit, den Laut. Kinder, die hier sicher sind, können z.B. Wörter mit gleichem Anlaut finden, einzelne Laute eines Wortes analysieren oder die Lautanzahl erfassen (Übungen S. 93–119). Dies alles ist der Kenntnis der Schriftzeichen (Grapheme) noch vorgelagert und die Kinder erwerben häufig bereits im Kindergartenalter eine hohe Kompetenz. Da die phonologische Bewusstheit eine sehr bedeutende Voraussetzung für den Einstieg in das System der Schriftsprache ist, lohnt es sich, insbesondere Kinder im Jahr vor der Einschulung in diesem Bereich gezielt zu fördern. Übungen zu den Bereichen der phonologischen Bewusstheit lassen sich jedoch auch noch im Unterricht der ersten Klassen gut einsetzen und können für Risiko-Kinder essenziell für ihren Lernfortschritt sein. Als Risiko-Kinder verstehen wir in Anlehnung an Küspert Kinder mit ausnehmend geringem Ausgangsniveau in phonologischer Bewusstheit *(vgl. Küspert, P.: Hören, lauschen, lernen. 6. Auflage, Göttingen: Vandenhoeck & Ruprecht, 2006).*

Es soll noch einmal betont werden, dass die vorliegenden Materialien sicherlich viele Möglichkeiten bieten, Kinder in Bezug auf ihr Hören zu beobachten und auch zu fördern. Im individuellen Fall vorliegende deutliche Defizite sollten jedoch in Abstimmung mit den Erziehungsberechtigten von speziell ausgebildeten Fachleuten, z.B. Lehrkräften an Sprachheil- und Hörgeschädigtenschulen bzw. den entsprechenden schulischen Beratungsstellen diagnostiziert werden. Überweisungen zum Pädaudiologen kann der Kinderarzt ausstellen. Schulische Stellungnahmen können hier sehr hilfreich sein bzw. werden ggf. auch im Rahmen des diagnostischen Prozesses angefordert. Insbesondere die Kombination verschiedener zentraler auditiver Beeinträchtigungen bei einem Schüler kann den Schulerfolg massiv mindern *(vgl. Küspert, P.).* Die vorliegenden Materialien sind hier zur angemessenen Förderung nicht differenziert genug.

Wenn Vorbereitungen notwendig sind, die über das Erstellen von Kopien und das Mitbringen der zum Material gehörenden CD hinausgehen, werden sie bei der Beschreibung der Übungen benannt.

Übersicht über die Tracks auf der CD:

1 Klavier
2 Gitarre
3 Flöte
4 Schlagzeug
5 Vogel
6 Schaf
7 Hund
8 Kuh
9 Föhn
10 Wecker
11 Tastatur
12 Toaster
13 klatschen
14 schnalzen
15 schnipsen
16 pfeifen
17 „Schnappen“ (S. 9)
18 „Welches Instrument fehlt?“ (S. 11)
19 „Welches Tier fehlt?“ (S. 14)
20 „Welches Gerät fehlt?“ (S. 17)
21 „Welches Geräusch fehlt?“ (S. 20)
22 „Bingo“ (S. 23)
23 „Bingo“ (S. 23)
24 „Bingo“ (S. 23)

Auditive Wahrnehmung

Spiele mit Alltagsgeräuschen

Die Spiele mit Alltagsgeräuschen fördern in erster Linie die Konzentration auf akustische Reize, also die auditive Aufmerksamkeit. Sehr häufig wird in den Übungen die Kombination von Aufmerksamkeit und Merkfähigkeit gefordert und damit auch gefördert.

Für alle Übungen außer dem „Geräusche raten“, dem Einstiegsspiel, wird die CD benötigt, auf der verschiedene Geräusche wiedergegeben werden. Neben dem CD-Symbol finden Sie die Tracknummer, die benötigt wird.

Die 16 ausgewählten Geräusche wurden vier Kategorien zugeordnet und stellen sich wie folgt dar:

- **Instrumente:**
  Klavier, Gitarre, Flöte und Schlagzeug
- **Tiere:**
  Vogel, Schaf, Hund, Kuh
- **Geräte:**
  Föhn, Wecker, Tastatur, Toaster
- **mit dem eigenen Körper:**
  klatschen, schnalzen, schnipsen, pfeifen

In dem Spiel „Schnappen“ können sich die Kinder mit den einzelnen Geräuschen erstmalig vertraut machen und die Geräusche mit den passenden Bildern verknüpfen.

Bei den weiteren Übungen werden die einzelnen Kategorien vertieft.

Geräusche raten

Vorbereitung:

Suchen Sie Geräuschmaterial in einem Beutel oder einer abgedeckten Kiste zusammen.

Der besondere Charme dieser Übung liegt im Vergleich zu den anderen Übungen darin, dass Sie oder einzelne Kinder die Geräusche selbst produzieren. Die Kinder sitzen mit dem Rücken zu Ihnen. Bereiten Sie einige Gegenstände in einem Beutel oder in einer Kiste vor, mit denen Sie nun hintereinander fünf bis acht Geräusche machen. Diese sollen die Kinder erraten. Sie können z. B. ein Blatt Papier zerreißen oder zerschneiden, mit Gläsern anstoßen, sich die Nase putzen, schnipsen, klatschen, einen Flummi aufprallen lassen, mit einer Chipstüte rascheln, einen Handfeger mit Kehrschaufel benutzen, mit dem Fuß aufstampfen oder in einen Apfel beißen. Die Kinder sollen sich die Geräusche merken. Da die Geräusche teilweise sehr leise sind, werden die Kinder in der Regel selbst sehr ruhig und es entsteht eine ausgesprochen konzentrierte Atmosphäre.

Varianten:

1. Die Geräusche werden nach der gesamten Folge von fünf bis acht Geräuschen gemeinsam zusammengetragen.
2. Die Kinder schreiben auf oder malen, welche Geräusche sie sich gemerkt haben. Welche Geräusche wurden richtig entschlüsselt und zu welchen gab es andere Ideen? Wer schafft es, auch die richtige Reihenfolge wiederzugeben?
3. Ein Kind kommt vor zu den Requisiten und versucht, die gesamte Folge zu reproduzieren.

Schnappen

1–17

Vorbereitung:

Kopieren Sie die Vorlage „Welches Geräusch hörst du?“ (S. 10) für jede 5er-Gruppe, laminieren Sie sie und schneiden Sie die Kärtchen aus.

Die Kinder spielen in Gruppen von ca. fünf Kindern. Sie haben auf dem Tisch vor sich die einzeln laminierten Bildkärtchen gemischt und gut sichtbar liegen. Die Kinder sitzen um die Kärtchen und haben die Hände auf dem Rücken. Spielen Sie die Geräusche einzeln ab (1–16). Die Kinder schlagen mit der Hand (alternativ: mit einer Fliegenklatsche) auf das zum Geräusch passende Bildkärtchen. Das Kind, dessen Hand unten liegt, darf das Kärtchen zu sich nehmen.

Nach dem ersten Durchgang, wenn die Kinder bereits mit den einzelnen Geräuschen vertraut sind, können Sie 17 abspielen. Hier werden alle Geräusche in einer anderen Reihenfolge abgespielt. Stoppen Sie nach jedem Geräusch die Wiedergabe und warten Sie, bis alle Gruppen wieder bereit sind. Natürlich können Sie auch mehrere Durchgänge machen, indem Sie selbst die Reihenfolge 1–16 verändern.

Diese Übung ist eine große Herausforderung für Kinder, die sich häufig impulsiv zeigen. Sollte es „Frühstarts“ geben, indem die Kinder zu früh die Hände vom Rücken nehmen, können Sie überlegen, dass der Frühstart mit einer Strafkarte bezahlt werden muss. Probieren Sie es in jedem Fall erst einmal ohne Strafkarte.

Varianten:

1. Zum Einstieg: Die Kinder nehmen, nachdem sie ein Geräusch gehört haben, reihum die entsprechende Karte. Es kommt also lediglich darauf an, die richtigen Karten zu finden.

   Tipp: Es kann auch so gespielt werden, dass sich die Kinder einer Gruppe untereinander helfen dürfen. Das Kind, das an der Reihe ist, entscheidet aber letzten Endes, welches Kärtchen es nimmt. In einem zweiten Durchlauf können Sie den Schwierigkeitsgrad für die Gruppe erhöhen, indem Sie die Wiedergabe der CD nicht mehr stoppen.

2. Die Kinder spielen reihum und müssen sich zunehmend mehr Geräusche merken. Es wird zunächst nur ein Geräusch gespielt, das erste Kind nimmt die Karte. Danach werden zwei Geräusche gespielt und erst danach darf das nächste Kind die zwei passenden Kärtchen nehmen. Das dritte Kind muss sich drei Geräusche merken etc. Welche Karte bleibt nach fünf Runden übrig? Auch hier können Sie erlauben, dass sich die Kinder einer Gruppe helfen.

17

Geräusche 1–16 in folgender Reihenfolge:

Kuh, Gitarre, schnipsen, Hund, klatschen, Schlagzeug, Toaster, Föhn, Wecker, Flöte, pfeifen, Schaf, Klavier, Tastatur, Vogel, schnalzen

Welches Geräusch hörst du?

ISBN 978-3-8346-2976-0 | www.verlagruhr.de

Welches Instrument fehlt?

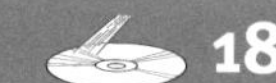

Vorbereitung:

Kopieren Sie die Vorlage (S. 12) für jedes Kind.

Auf der CD werden drei „Instrumente" in Folge angespielt. Das vierte muss herausgefunden und in der Bilderreihe angekreuzt werden. Als Startsignal gibt es vor jeder Folge einen Klick.

18

Gespielt	Lösung
Gitarre, Flöte, Schlagzeug	*Klavier*
Flöte, Klavier, Gitarre	*Schlagzeug*
Schlagzeug, Gitarre, Klavier	*Flöte*
Flöte, Schlagzeug, Klavier	*Gitarre*
Klavier, Gitarre, Schlagzeug	*Flöte*
Gitarre, Schlagzeug, Flöte	*Klavier*
Schlagzeug, Klavier, Flöte	*Gitarre*
Gitarre, Flöte, Klavier	*Schlagzeug*
Flöte, Gitarre, Schlagzeug	*Klavier*
Gitarre, Klavier, Schlagzeug	*Flöte*

Varianten:

1. Als Vorlage wird den Kindern lediglich ein Bilderstreifen mit allen vier Bildern gegeben und die Kinder machen Punkte in dem jeweiligen Feld.
2. Als Vorlage wird den Kindern lediglich ein Bilderstreifen gegeben und die Kinder melden sich, um die Lösung zu nennen, sobald sie aufgerufen werden.
3. Als Vorlage wird den Kindern lediglich ein Bilderstreifen gegeben und die Kinder rufen die Lösung in die Klasse.
4. Als Vorlage wird den Kindern lediglich ein Bilderstreifen gegeben und die Kinder spielen die Lösung pantomimisch. Erarbeiten Sie vorher, wie die Musikinstrumente dargestellt werden können.
5. Auf dem Boden werden vier Felder mit vergrößerten Instrumentenbildern (S. 13) markiert und die/einige Kinder stellen sich in das Feld mit der Lösung. Vor jeder Aufgabe können sie sich an einer Startlinie aufstellen, die etwas entfernt ist. Dies fördert verstärkt das auditive Gedächtnis.
6. Um die Anforderung an Konzentration und Gedächtnis noch zu erhöhen, kann auch ohne Lösungsvorlage gespielt werden, wenn zuvor Zeit gegeben wurde, um sich die vier Instrumente einzuprägen.

Welches Instrument fehlt? 1/2

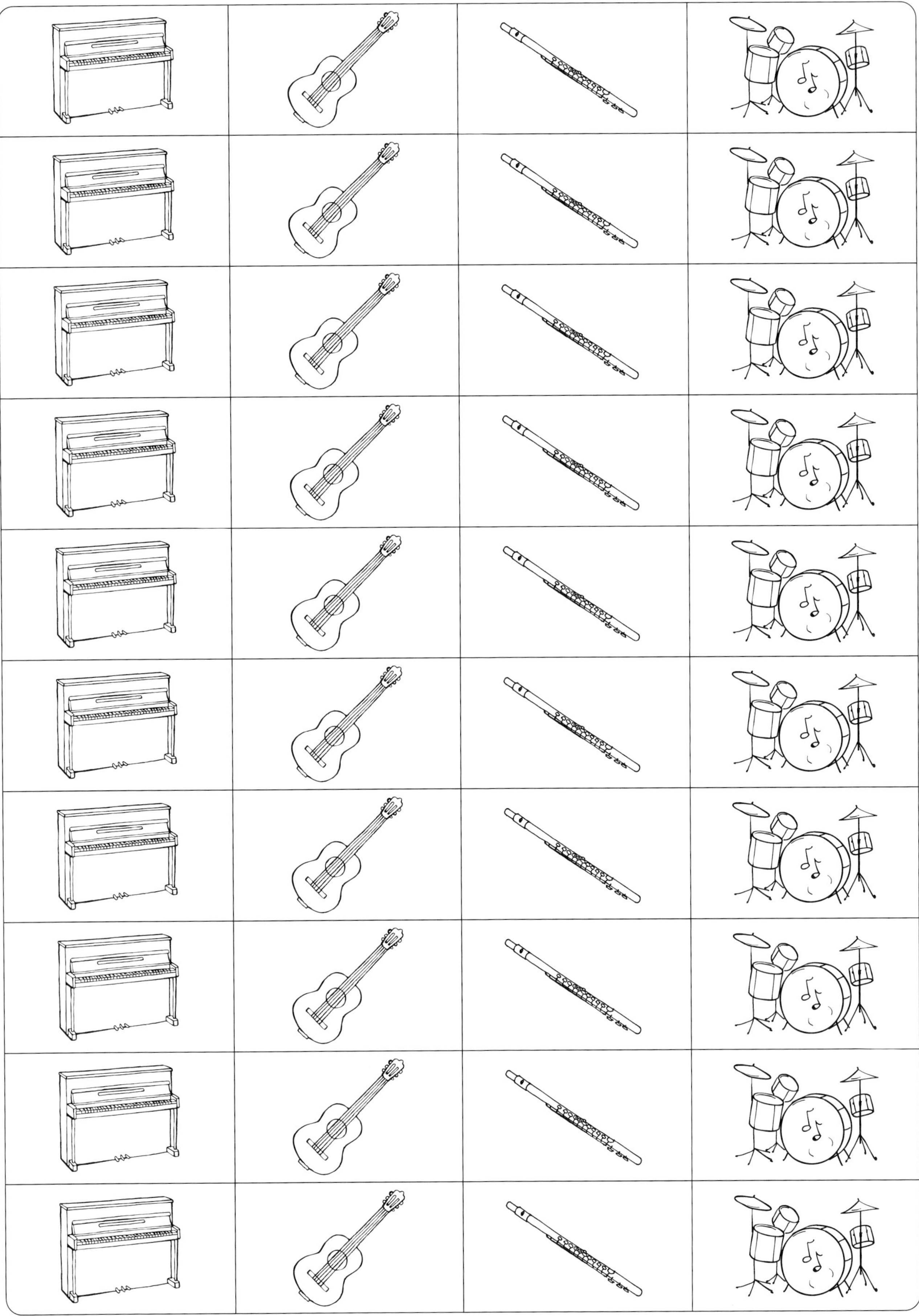

ISBN 978-3-8346-2976-0 | Klavier, Gitarre: Anja Boretzki; Flöte: Astrid Wilkesmann; Schlagzeug: Dorothee Wolters

Welches Instrument fehlt? 2/2

ISBN 978-3-8346-2976-0 | www.verlagruhr.de

Welches Tier fehlt?

19

Vorbereitung:

Kopieren Sie die Vorlage (S. 15) für jedes Kind.

Auf der CD werden drei „Tierlaute" in Folge angespielt. Das vierte muss herausgefunden und in der Bilderreihe angekreuzt werden. Als Startsignal gibt es vor jeder Folge einen Klick.

Gespielt	Lösung
Schaf, Hund, Vogel	*Kuh*
Kuh, Schaf, Hund	*Vogel*
Schaf, Vogel, Kuh	*Hund*
Hund, Kuh, Schaf	*Vogel*
Vogel, Schaf, Hund	*Kuh*
Hund, Vogel, Kuh	*Schaf*
Kuh, Vogel, Hund	*Schaf*
Kuh, Vogel, Schaf	*Hund*
Hund, Schaf, Vogel	*Kuh*
Vogel, Kuh, Schaf	*Hund*

Varianten:

1. Als Vorlage wird den Kindern lediglich ein Bilderstreifen mit allen vier Bildern gegeben und die Kinder machen Punkte in dem jeweiligen Feld.
2. Als Vorlage wird den Kindern lediglich ein Bilderstreifen gegeben und die Kinder melden sich, um die Lösung zu nennen.
3. Als Vorlage wird den Kindern lediglich ein Bilderstreifen gegeben und die Kinder rufen die Lösung gemeinsam.
4. Als Vorlage wird den Kindern lediglich ein Bilderstreifen gegeben und die Kinder spielen die Lösung pantomimisch. Erarbeiten Sie vorher, wie die Tiere dargestellt werden können.
5. Als Vorlage wird den Kindern lediglich ein Bilderstreifen gegeben und die Kinder ahmen den fehlenden Tierlaut nach.
6. Auf dem Boden werden vier Felder mit vergrößerten Tierbildern (S. 16) markiert und die/einige Kinder stellen sich in das Feld mit der Lösung. Vor jeder Aufgabe können sie sich an einer Startlinie aufstellen, die etwas entfernt ist. Dies fördert verstärkt das auditive Gedächtnis.
7. Um die Anforderung an Konzentration und Gedächtnis noch zu erhöhen, kann auch ohne Lösungsvorlage gespielt werden, wenn zuvor Zeit gegeben wurde, um sich die vier Tiere einzuprägen.

Welches Tier fehlt? 1/2

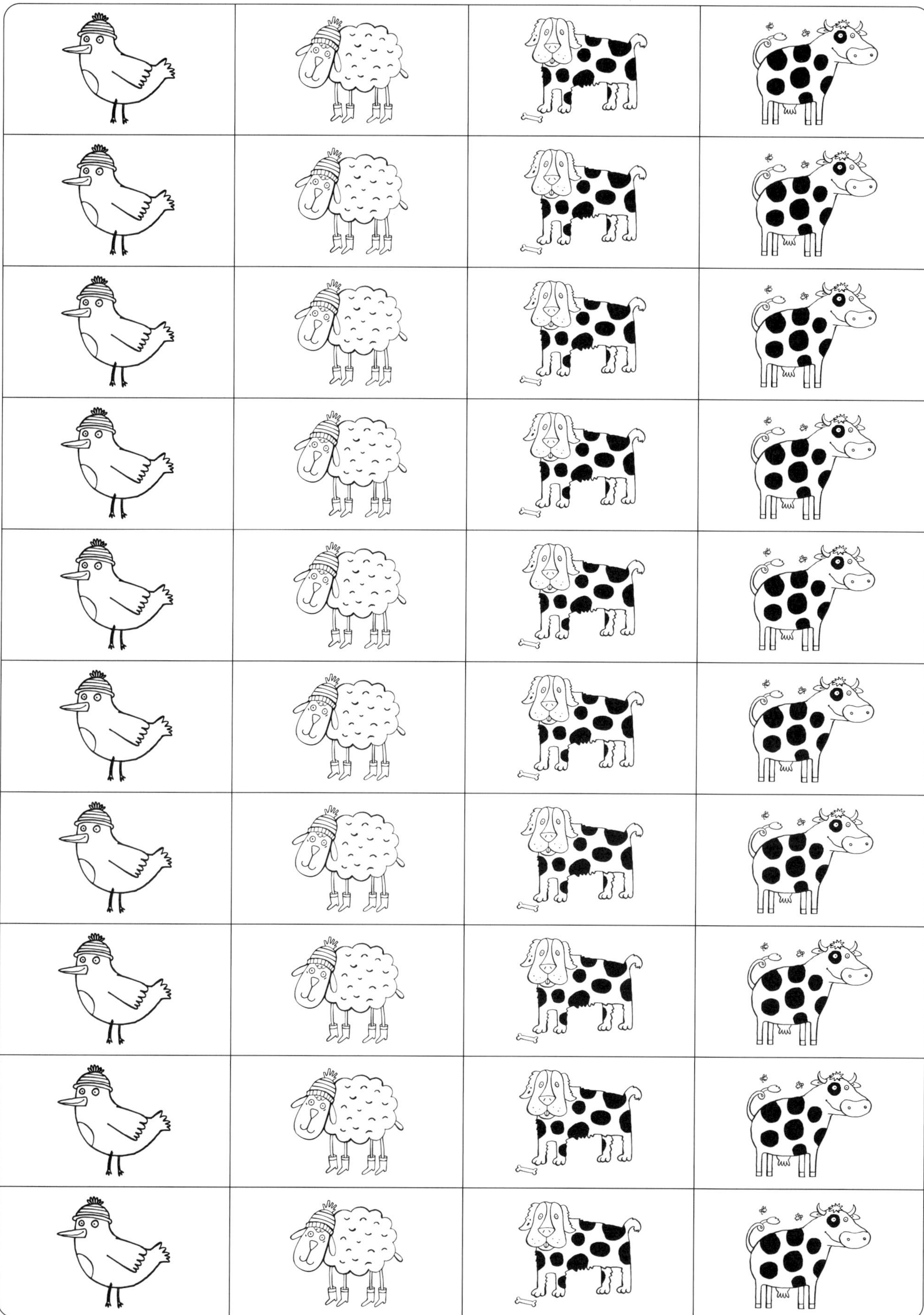

ISBN 978-3-8346-2976-0 | www.verlagruhr.de | Illustrationen: Anja Boretzki

Welches Tier fehlt? 2/2

Abb.: Anja Boretzki

Abb.: Anja Boretzki

Abb.: Anja Boretzki

Abb.: Anja Boretzki

ISBN 978-3-8346-2976-0 | www.verlagruhr.de

Welches Gerät fehlt?

Vorbereitung:

Kopieren Sie die Vorlage (S. 18) für jedes Kind.

Auf der CD werden drei „Geräusche von Geräten" in Folge angespielt. Das vierte muss herausgefunden und in der Bilderreihe angekreuzt werden. Als Startsignal gibt es vor jeder Folge einen Klick.

Gespielt	Lösung
Tastatur, Toaster, Föhn	*Wecker*
Toaster, Föhn, Wecker	*Tastatur*
Föhn, Wecker, Tastatur	*Toaster*
Toaster, Tastatur, Föhn	*Wecker*
Tastatur, Wecker, Toaster	*Föhn*
Tastatur, Wecker, Föhn	*Toaster*
Wecker, Toaster, Tastatur	*Föhn*
Föhn, Toaster, Wecker	*Tastatur*
Toaster, Föhn, Wecker	*Tastatur*
Föhn, Tastatur, Toaster	*Wecker*

Varianten:

1. Als Vorlage wird den Kindern lediglich ein Bilderstreifen mit allen vier Bildern gegeben und die Kinder machen Punkte in dem jeweiligen Feld.
2. Als Vorlage wird den Kindern lediglich ein Bilderstreifen gegeben und die Kinder melden sich, um die Lösung zu nennen.
3. Als Vorlage wird den Kindern lediglich ein Bilderstreifen gegeben und die Kinder rufen die Lösung gemeinsam.
4. Als Vorlage wird den Kindern lediglich ein Bilderstreifen gegeben und die Kinder spielen die Lösung pantomimisch. Erarbeiten Sie vorher, wie die Geräte dargestellt werden können.
5. Auf dem Boden werden vier Felder mit (vergrößerten) Gerätebildern (S. 19) markiert und die/einige Kinder stellen sich in das Feld mit der Lösung. Vor jeder Aufgabe können sie sich an einer Startlinie aufstellen, die etwas entfernt ist. Dies fördert verstärkt das auditive Gedächtnis.
6. Um die Anforderung an Konzentration und Gedächtnis noch zu erhöhen, kann auch ohne Lösungsvorlage gespielt werden, wenn zuvor Zeit gegeben wurde, um sich die vier Geräte einzuprägen.

Welches Gerät fehlt? 1/2

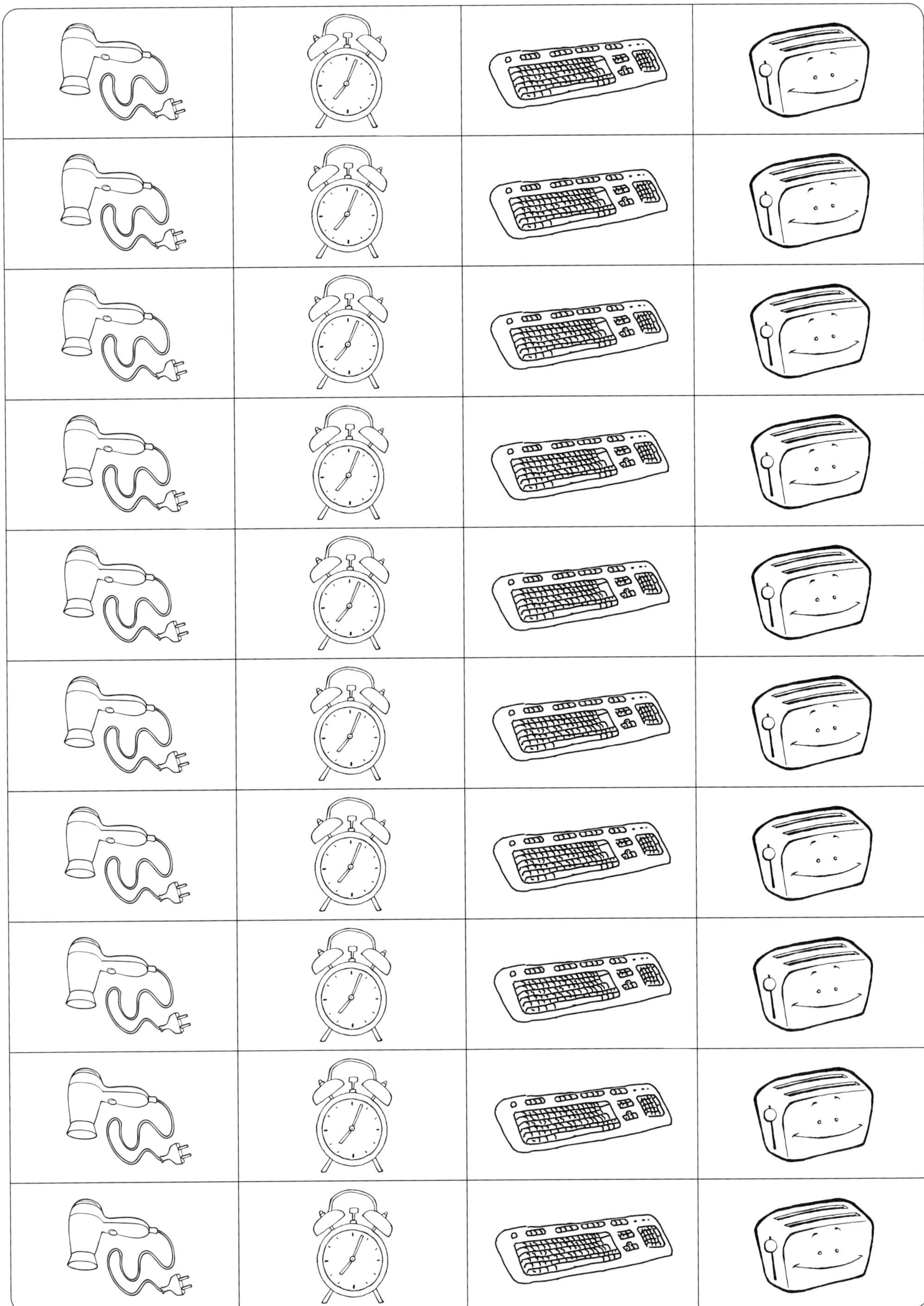

ISBN 978-3-8346-2976-0 | Fön: Dorothee Wolters; Wecker: Anja Boretzki; Toaster: Magnus Siemens

Welches Gerät fehlt? 2/2

© Verlag an der Ruhr | Autorinnen: Nicola Raschendorfer, Stefanie Schultze-Moderow
ISBN 978-3-8346-2976-0 | www.verlagruhr.de

Welches Geräusch fehlt?

Vorbereitung:

Kopieren Sie die Vorlage (S. 21) für jedes Kind.

Auf der CD werden drei „Körpergeräusche“ in Folge angespielt. Das vierte muss herausgefunden und in der Bilderreihe angekreuzt werden. Als Startsignal gibt es vor jeder Folge einen Klick.

Gespielt	Lösung
schnalzen, schnipsen, klatschen	*pfeifen*
klatschen, pfeifen, schnalzen	*schnipsen*
pfeifen, schnipsen, klatschen	*schnalzen*
schnipsen, klatschen, pfeifen	*schnalzen*
klatschen, pfeifen, schnipsen	*schnalzen*
pfeifen, schnalzen, schnipsen	*klatschen*
schnalzen, schnipsen, klatschen	*pfeifen*
schnipsen, klatschen, schnalzen	*pfeifen*
schnipsen, pfeifen, schnalzen	*klatschen*
klatschen, schnalzen, pfeifen	*schnipsen*

Varianten:

1. Als Vorlage wird den Kindern lediglich ein Bilderstreifen mit allen vier Bildern gegeben und die Kinder machen Punkte in dem jeweiligen Feld.
2. Als Vorlage wird den Kindern lediglich ein Bilderstreifen gegeben und die Kinder melden sich, um die Lösung zu nennen.
3. Als Vorlage wird den Kindern lediglich ein Bilderstreifen gegeben und die Kinder rufen die Lösung gemeinsam.
4. Als Vorlage wird den Kindern lediglich ein Bilderstreifen gegeben und die Kinder machen Lösungsgeräusche selbst.
5. Auf dem Boden werden vier Felder mit vergrößerten Bildern (S. 22) markiert und die/einige Kinder stellen sich in das Feld mit der Lösung. Vor jeder Aufgabe können sie sich an einer Startlinie aufstellen, die etwas entfernt ist. Dies fördert verstärkt das auditive Gedächtnis.
6. Um die Anforderung an Konzentration und Gedächtnis noch zu erhöhen, kann auch ohne Lösungsvorlage gespielt werden, wenn zuvor Zeit gegeben wurde, um sich die vier Geräusche einzuprägen.

Welches Geräusch fehlt? 1/2

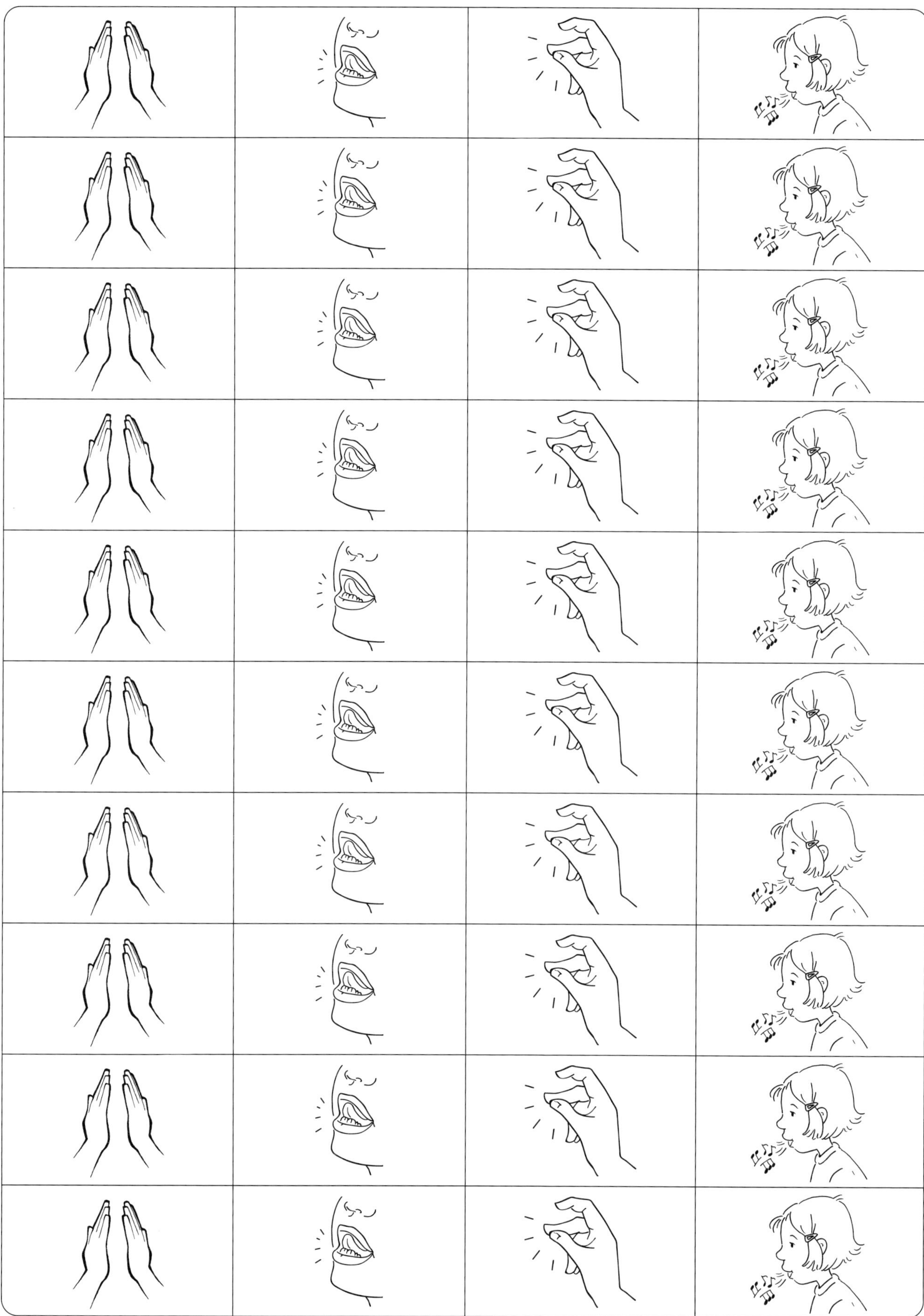

ISBN 978-3-8346-2976-0 | Hände: Magnus Siemens; Mund, Finger: Dorothee Wolters; Mädchen: Eva Spanjardt

Welches Geräusch fehlt? 2/2

Abb.: Magnus Siemens

Abb.: Dorothee Wolters

Abb.: Dorothee Wolters

Abb.: Eva Spanjardt

ISBN 978-3-8346-2976-0 | www.verlagruhr.de

Bingo

Vorbereitung:

Kopieren Sie die Vorlage (S. 24) für jedes Kind.

Jedes Kind schneidet die 16 Bilder aus und wählt davon neun aus, die es auf das leere Bingo-Feld klebt. 22 wird (evtl. mit Unterbrechung) abgespielt. Die Kinder prüfen, ob sie das gehörte Geräusch auf ihrem Feld haben, und kreuzen es auf ihrer Vorlage an. Sobald ein Kind drei Kreuze in einer Reihe hat, ruft es laut „Bingo“. Auch die Diagonale zählt.

Zur Kontrolle nennt das Kind die Symbole seiner Reihe und die anderen Kinder kontrollieren, ob diese Geräusche auch tatsächlich schon gespielt wurden.

Für weitere Durchgänge sind bei 23 und 24 die Geräusche in verschiedenen Reihenfolgen angeordnet. Natürlich können Sie auch auf 1–16 zurückgreifen, indem Sie jeweils händisch eine zuvor festgelegte Reihenfolge abspielen.

 **22: Geräusche 1–16 in folgender Reihenfolge:**

Hund, pfeifen, Klavier, Kuh, Wecker, Schlagzeug, Toaster, schnalzen, Flöte, Vogel, schnipsen, Gitarre, klatschen, Schaf, Föhn, Tastatur

 **23: Geräusche 1–16 in folgender Reihenfolge:**

schnipsen, Föhn, Schlagzeug, Hund, Toaster, Tastatur, Schaf, Gitarre, Wecker, Flöte, pfeifen, Klavier, schnalzen, klatschen, Kuh, Vogel

 **24: Geräusche 1–16 in folgender Reihenfolge:**

klatschen, Kuh, Flöte, Schaf, Föhn, Toaster, pfeifen, Hund, Gitarre, schnipsen, Tastatur, Vogel, Wecker, Schlagzeug, schnalzen, Klavier

Bingo!

Wer hat zuerst drei Kreuze in einer Reihe?

ISBN 978-3-8346-2976-0 | www.verlagruhr.de

Aufträgen folgen und auf akustische Signale reagieren

Eine wesentliche Anforderung in verschiedenen Phasen des Unterrichtes besteht darin, dass die Kinder verbal erteilten Aufträgen folgen. Sie sollen z.B. das richtige Arbeitsmaterial aus der Schultasche holen, Erklärungen zum Bearbeiten von Aufgaben zuhören oder etwas aus ihrem Fach holen. Eigentlich wird dies als Fähigkeit vorausgesetzt. Es ist jedoch, wie der Unterrichtsalltag häufig zeigt, keine Selbstverständlichkeit, dass die Kinder sie auch mitbringen. Insbesondere in eher unstrukturierten Situationen haben viele Kinder noch Schwierigkeiten, ihre Aufmerksamkeit entsprechend zu fokussieren. Auch wenn sie gerade hoch konzentriert bei der Sache sind – eigentlich ein sehr wünschenswerter Zustand, den die Lehrkraft nicht nachlässig unterbrechen wird – kann es vorkommen, dass die Kinder den Fokus ihrer Aufmerksamkeit kurzfristig auf die Lehrkraft richten müssen. Kinder, denen dies nicht gut gelingt, bekommen häufig nachträgliche Hinweise zum Bearbeiten bei Klassenarbeiten nicht mit oder können deren Wichtigkeit nicht so schnell einschätzen. Wenn sie dann Fehler machen, zu denen Sie als Lehrkraft sagen „Das hatte ich aber gesagt“, können Sie sich vortrefflich darüber streiten, was gesagt wurde oder was nicht. Das Kind ist mit seiner Aussage, dass es den Hinweis nicht gehört habe, vermutlich ebenso im Recht wie Sie mit Ihrer.

Bei den folgenden Übungen wird gezielt das Umsetzen verbal erteilter Aufträge eingeübt. Sie können mit Ihren Schülern hier auch ein bestimmtes Signalwort oder eine entsprechende Formulierung – etwa „Achtung, etwas Wichtiges“ – implementieren. Dies hilft den Kindern noch zusätzlich, zu erkennen, dass jetzt etwas Wichtiges gesagt wird.

Es hat sich gezeigt, dass Menschen eine Ansprache besser auf sich bezogen wahrnehmen, wenn sie persönlich angesprochen werden. Darum sind in allen Übungen die Aufträge in der zweiten Person Singular formuliert, also etwa „Du legst den Stift neben das Blatt Papier“ und nicht „Wir legen den Stift neben das Blatt Papier“.

Mal-Diktate

Die Mal-Diktate sind Aufgaben, die Sie mit den Kindern im Klassenverband üben können. Die Anweisungen sind bewusst einfach gehalten. Auch der künstlerische Aspekt steht nicht im Vordergrund. Wenn keine Arbeitsvorlage vorhanden ist, ergeben sich die „Zielzeichnungen“ im Wesentlichen aus einfachen Formen. **Bei den ersten wird nur mit einem Bleistift gezeichnet, ab Mal-Diktat „Blüte“ mit Buntstiften.** Es ist sinnvoll, den Kindern bei den ersten Mal-Diktaten zu erklären, dass es nicht darauf ankommt, dass die Zeichnungen besonders schön oder fantasievoll sind, sondern möglichst passend zu den von Ihnen vorgetragenen Aufträgen. Lesen Sie bei den Aufgaben ohne vorgegebene Skizze zu Beginn des Diktates unbedingt auch den Titel vor, damit die Kinder eine grobe Orientierung für die zu gestaltende Seite entwickeln können.

Der letzte Auftrag jedes Mal-Diktates ist freier als die vorherigen und ermöglicht es den Kindern, den Bildern ihre persönliche Note zu geben. Sie können diese Anweisung auch weglassen bzw. durch eine einfache ersetzen, wenn sie Ihnen im Kontext der aktuellen Unterrichtssituation zu aufwändig oder ablenkend erscheint. Sie wurde darum auch im Druckbild durch **Kursivsetzung** hervorgehoben.

Bei den letzten drei Mal-Diktaten sind die Anweisungstexte noch einfacher und in größerer Schrift gestaltet, sodass die Kinder sie in Partner- oder Gruppenarbeit bearbeiten können.

Mal-Diktat „Haus“ (ohne Vorlage)

1. Du malst in die Mitte deines Blattes ein Viereck.
2. Darauf zeichnest du ein Dreieck als Dach.
3. Auf die rechte Seite des Hauses malst du eine Tür.
4. Neben die Tür malst du ein Fenster.
5. Zur Tür führt ein Weg. Du zeichnest ihn ein.
6. *Wer ist auf dem Weg zu deinem Haus? Male es auf den Weg.*

Mal-Diktat „König“ (ohne Vorlage)

1. Du malst einen großen Kreis.
2. Du teilst den Kreis mit einem langen Minus in eine obere und eine untere Hälfte.
3. Du malst eine Zickzacklinie auf das Minus. Das ist eine Krone.
4. Nun malst du dem König zwei Augen und zwei Ohren.
5. Du malst dem König einen Mund und als Nase zwei Punkte.
6. Du malst dem König noch einen Hals.
7. *Am Hals trägt der König eine Kette mit einem Amulett. Zeichne es ein.*

Mal-Diktat „Armbanduhr“ (ohne Vorlage)

1. Du malst einen Kreis, der in etwa so groß ist wie der Rand eines Wasserglases.
2. In die Mitte des Kreises malst du einen kleinen Kreis.
3. An den kleinen Kreis malst du zwei Zeiger, einen langen, der zeigt nach oben.
4. Male jetzt einen kurzen, der zeigt nach rechts.
5. Oben gibst du der Uhr einen kleinen Knopf zum Aufziehen.
6. *Wem gehört die Uhr? Zeichne ein passendes Armband.*

Mal-Diktat „Blüte“ (ohne Vorlage)

1. Du zeichnest in die Mitte einen gelb ausgemalten Kreis, ungefähr so groß wie eine Münze.
2. Um den gelben Kreis malst du fünf rot ausgemalte Kreise. Jetzt ist es eine Blüte.
3. Neben die Blüte malst du mit Bleistift ein liegendes Ei.
4. Du malst das Ei mit gelben und braunen Streifen von oben nach unten aus. Es wird eine Biene.
5. Der Biene zeichnest du oben zwei Flügel mit Bleistift ein.
6. Jetzt malst du der Biene mit Bleistift noch einen Punkt als Auge.
7. *Die Biene kommt von weit her. Zeichne ihre Flugstrecke ein.*

Mal-Diktat „Schneemann" (Vorlage S. 29)

1. Du malst in die untere Hälfte einen Kreis, ungefähr so groß wie der Rand eines Wasserglases.
2. Auf den Bauch des Schneemanns malst du einen etwas kleineren Kreis für den Kopf.
3. Links und rechts malst du dem Schneemann runde Arme an den Bauch.
4. Auf den Bauch malst du dem Schneemann übereinander drei schwarze Kreise als Knöpfe.
5. Um den Schneemann herum malst du zehn kleine Kreise als Schneeflocken.
6. *Unten findest du Dinge, mit denen du deinen Schneemann dekorieren kannst.*
   Streiche durch, was du benutzt hast. Du musst nicht alles verwenden.

Mal-Diktat „Weihnachtsbaum" (Vorlage S. 30)

1. Du malst den Tannenbaum grün nach.
2. Du malst die Kerzen rot aus.
3. Du verbindest die Kerzen mit einer gelben Linie. Das ist eine goldene Kette.
4. Du malst vier blaue Kugeln an den Baum.
5. Auf die Spitze setzt du dem Weihnachtsbaum einen gelben Stern.
6. *Wie sehen die Geschenke unter dem Weihnachtsbaum aus? Male sie.*

Mal-Diktat „Schmetterling" (Vorlage S. 31)

1. Du malst den Körper des Schmetterlings braun aus.
2. Den oberen Flügelteil malst du gelb aus.
3. In die Spitze des oberen Flügelteils malst du einen rot ausgemalten Kreis.
4. Darum malst du einen blauen Kreis.
5. Du ziehst rote Strahlen von dem Kreis bis zum Rand des Flügelteils.
   Die Strahlen sind also sehr unterschiedlich lang.
6. *Wie sieht der untere Flügelteil aus? Male ihn an.*

Mal-Diktat „Eisbecher" (Vorlage S. 32)

1. Du malst in den Eisbecher die Eissorten: Schokolade, Erdbeere und Stracciatella.
2. Neben das Eis malst du einen Löffel.
3. Das Schirmchen malst du gelb und rot aus.
4. Du malst noch eine Waffel in Herzform in das Eis.
5. *Denke dir noch weitere schöne Dekorationen für den Eisbecher aus und male sie dazu.*

Mal-Diktat „Gartenzwerg" (Vorlage S. 33)

1. Du malst dem Zwerg eine rote Mütze.
2. Das Hemd malst du gelb.
3. Die Stiefel malst du blau.
4. Du malst einen grünen Hügel unter seine Füße.
5. Du malst eine Sonne über den Zwerg.
6. *Was hat der Zwerg im Mund? Eine Pfeife, einen Grashalm, etwas anderes? Zeichne es ein.*

Mal-Diktat „Wimpel“ (Vorlage S. 34)

1. Du malst in den zweiten Wimpel ein rotes Herz.
2. Den ersten Wimpel malst du blau aus.
3. Du malst in den fünften Wimpel eine rote Blüte.
4. In den dritten Wimpel malst du gelbe und grüne Streifen.
5. Welche Farbe magst du am liebsten?
   Male den vierten Wimpel so aus.

Mal-Diktat „Rakete“ (Vorlage S. 35)

1. Du malst die Fenster blau aus.
2. Du malst die Sterne gelb aus.
3. Die Düsen malst du schwarz aus.
4. Du malst den Rest der Rakete grau aus.
5. Du malst Feuer an die Düsen.
6. Zu welchem Planeten fliegt die Rakete?
   Male ihn.

Mal-Diktat „Labor“ (Vorlage S. 36)

1. Du malst eine rote Flüssigkeit in das runde, hängende Glas.
2. Du malst rote Blasen über die Flüssigkeit im runden,
   hängenden Glas.
3. Du malst eine grüne Flüssigkeit in die Spirale
   und in die dreieckige Flasche.
4. Du malst einen Berg mit blauen Kugeln auf den Tisch.
5. Du malst mit Bleistift einen Kasten auf den Tisch.
6. Du malst einen roten Blitz auf den Kasten.
7. Du malst den Kasten gelb aus.
8. Wer arbeitet in diesem Labor? Male die Person dazu.

© Verlag an der Ruhr | Autorinnen: Nicola Raschendorfer, Stefanie Schultze-Moderow
ISBN 978-3-8346-2976-0 | www.verlagruhr.de

Mal-Diktat „Schneemann“

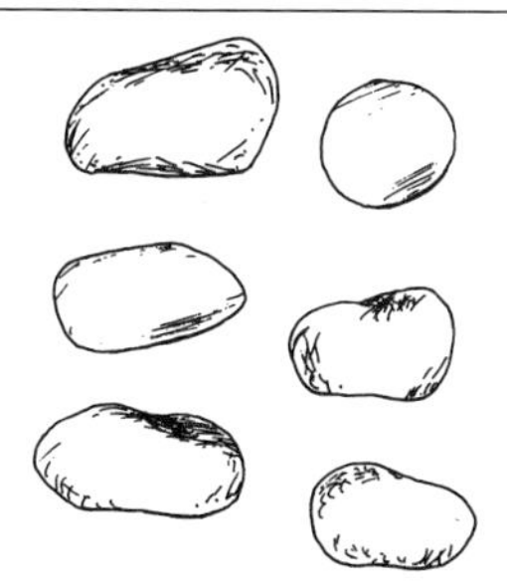

ISBN 978-3-8346-2976-0 | www.verlagruhr.de | Möhre, Topf: Anja Boretzki; alle anderen © Verlag an der Ruhr

Mal-Diktat „Weihnachtsbaum“

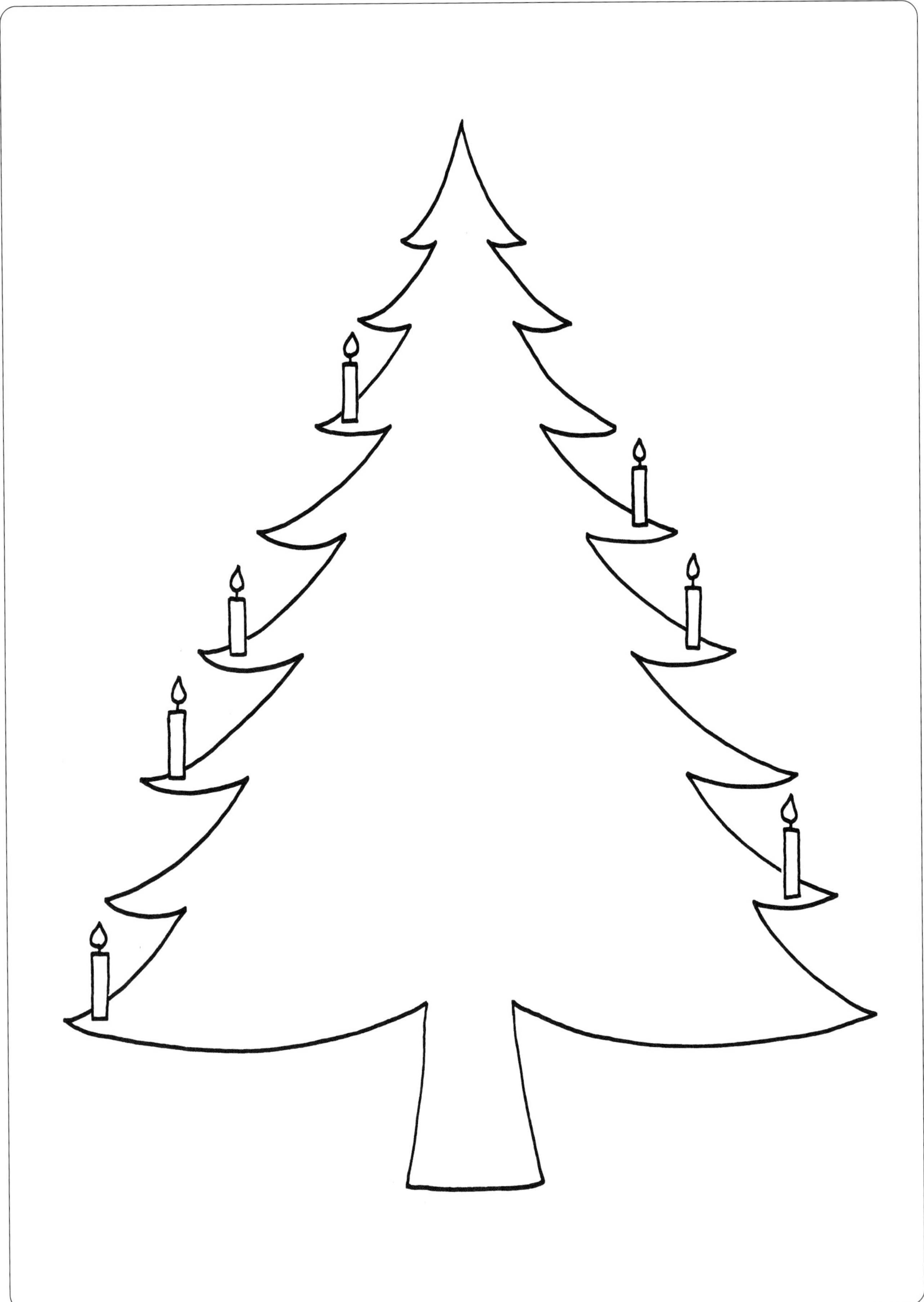

ISBN 978-3-8346-2976-0 | www.verlagruhr.de | Illustration: © Verlag an der Ruhr

Mal-Diktat „Schmetterling“

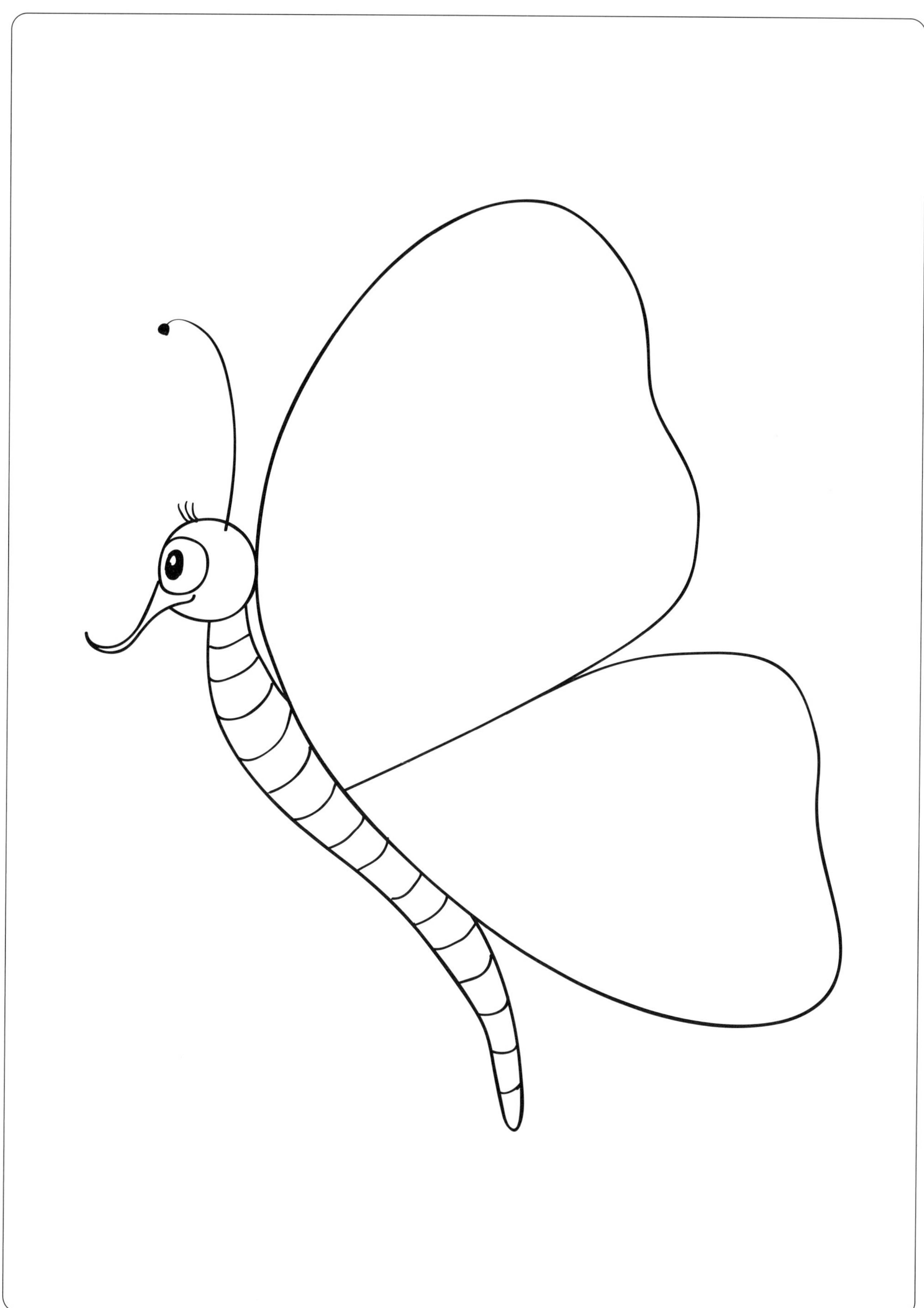

ISBN 978-3-8346-2976-0 | www.verlagruhr.de | Illustration: Dorothee Wolters

Mal-Diktat „Eisbecher“

ISBN 978-3-8346-2976-0 | www.verlagruhr.de | Illustration: Anja Boretzki

Mal-Diktat „Gartenzwerg“

ISBN 978-3-8346-2976-0 | www.verlagruhr.de | Illustration: Anja Boretzki

Mal-Diktat „Wimpel“

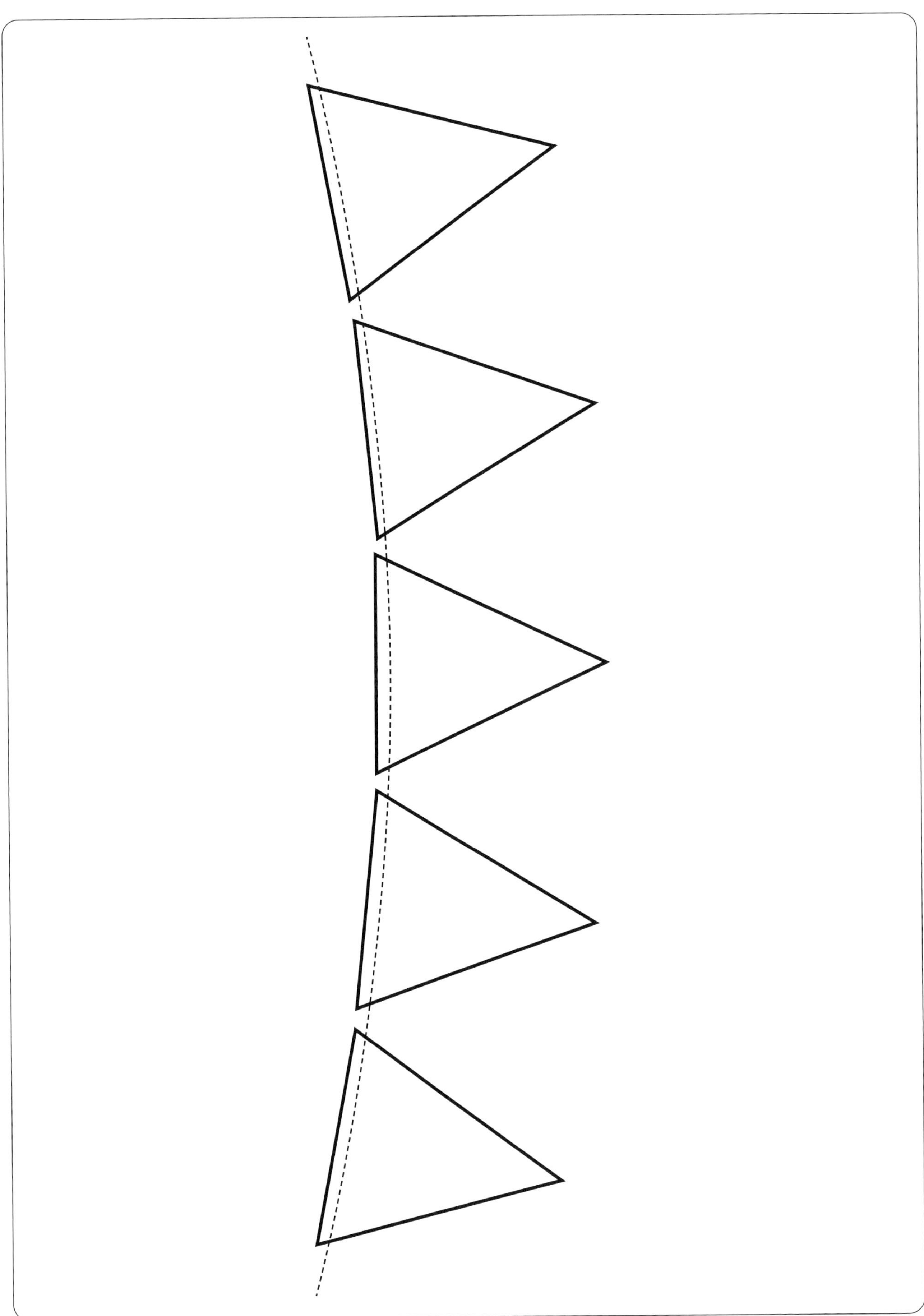

ISBN 978-3-8346-2976-0 | www.verlagruhr.de

Mal-Diktat „Rakete“

ISBN 978-3-8346-2976-0 | www.verlagruhr.de | Illustration: Anja Boretzki

Mal-Diktat „Labor“

ISBN 978-3-8346-2976-0 | www.verlagruhr.de | Illustration: Dorothee Wolters

To-do-Diktate

Die To-do-Diktate sind im Grunde ebenso zu bearbeiten wie die Mal-Diktate, nur dass die Kinder kurze Anweisungen umsetzen sollen. Zu Beginn der Übungen sollten die Tische der Kinder wenn nicht leer, so doch zumindest gut aufgeräumt sein.

Wundern Sie sich nicht, wenn der Inhalt der Anweisungen Ihnen sinnlos erscheint. Sie sind tatsächlich nicht als besonders zielorientiert konzipiert, denn das eigentliche Ziel ist ja, dass die Kinder üben, auf die Anweisungen der Lehrkraft zu hören. Wenn die Lehrkraft da mal Quatsch erzählt, macht es den Kindern häufig einfach mehr Spaß, zu üben. Ein To-do-Diktat beinhaltet auch, dass die Kinder ab einem gewissen Punkt die Augen schließen. So üben sie noch gezielter, sich auf das Hören zu konzentrieren. Es unterstützt auch, dass die Kinder sich weniger daran orientieren, was die anderen machen. Es fällt Kindern jedoch häufig schwer, die Augen über längere Zeit geschlossen zu halten. Sie sollten hieraus kein Streitthema machen. Damit den Kindern schneller klar wird, wann die Übung beendet ist, beinhaltet die letzte Anweisung immer, dass die Kinder laut klatschen. Am Anfang ist angegeben, wenn Material auf dem Tisch liegend benötigt wird. Auch bei den To-do-Diktaten sind die letzten (S. 39) so einfach gehalten, dass die Kinder sie selbst lesen können, um sie im Kleingruppen- oder Partnersetting zu lösen.

To-do-Diktat „… und tschüss“

1. Du stellst dich hinter deinen Stuhl.
2. Du stellst den Stuhl auf den Tisch.
3. Du schließt deinen Ranzen.
4. Du setzt den Ranzen auf deinen Rücken.
5. Du hebst die rechte Hand.
6. Du winkst mir zu.
7. Du klatschst, so laut du kannst.

To-do-Diktat „Rhythmus“

1. Du wischst mit der linken Hand über die Tischplatte hin und her, hin und her …
   (Geben Sie mit der Hand ca. einen Sekundenrhythmus vor. Alle Bewegungen werden die ganze Übung hindurch beibehalten.)
2. Du klopfst im gleichen Rhythmus mit dem linken Fuß auf den Boden.
3. Du schüttelst den Kopf dazu.
4. Du streckst die Zunge dazu raus und rein und raus und rein …
5. Du klopfst mit der rechten flachen Hand auf den Tisch.
6. Ihr seid eine tolle Rhythmusmaschine. Sie wird schneller … und schneller.
7. Du klatschst, so laut du kannst.

To-do-Diktat „Herzilein“

Material: Mäppchen, Heft

1. Du öffnest dein Mäppchen.
2. Du holst einen roten Stift heraus.
3. Du legst dein Hausaufgabenheft/Mitteilungsheft vor dich.
4. Du schlägst das Heft auf der Seite für heute auf.
5. In die linke obere Ecke der Seite schreibst du ein M.
6. In die rechte obere Ecke schreibst du ein A.
7. In die linke untere Ecke schreibst du ein M.
8. In die rechte untere Ecke schreibst du ein A.
9. Du malst ein großes rotes Herz über die ganze Seite.
10. Du legst den Stift in das Mäppchen zurück.
11. Du klatschst, so laut du kannst.

To-do-Diktat „Ohrenfisch“

1. Du legst die rechte Hand auf dein rechtes Ohr.
2. Du legst die linke Hand auf dein linkes Ohr.
3. Du schließt die Augen.
4. Du bläst die Backen auf.
5. Du machst den Mund mit geblähten Wangen auf und zu, denn du bist ein Fisch.
6. Du klappst die Hände an den Ohren auf und zu, denn du bist ein Ohrenfisch.
7. Du machst die Augen auf und klatschst, so laut du kannst.

To-do-Diktat „Farbe der Strümpfe“

1. Du schaust deine Strümpfe an.
   Welche Farbe haben sie hauptsächlich?
2. Sind sie weiß? Dann stellst du dich an die Tür.
3. Sind sie schwarz? Dann stelle dich zum Pult.
4. Haben sie eine andere Farbe oder sind sie bunt? Dann setze dich auf den Tisch.
5. Hast du gar keine Strümpfe an? Dann setze dich auf den Boden.
6. Du steckst die Daumen in die Ohren.
7. Du streckst die Zunge raus.
8. Du wackelst mit den Händen.
9. Du klatschst, so laut du kannst, in die Hände.

To-do-Diktat „Blatt Papier“

Material: ein Blatt, Stift

1. Du malst ein großes Plus auf das Blatt.
2. Eine Ecke oben faltest du in die Mitte des Kreuzes.
3. Die andere Ecke oben reißt du ab.
4. In eine untere Ecke malst du einen Haken.
5. Den Stift legst du in die andere Ecke unten.
6. Du klatschst, so laut du kannst, in die Hände.

To-do-Diktat „Quatsch“

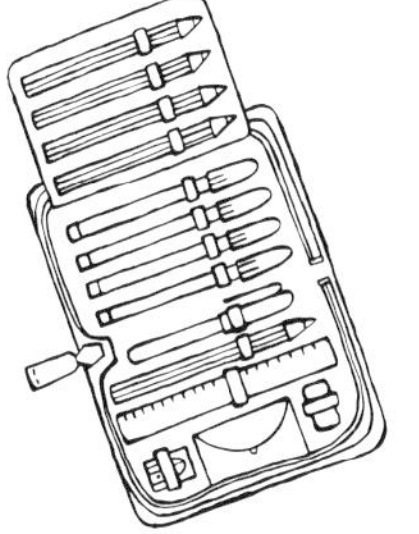

Material: Buch, Mäppchen

1. Du legst ein Buch in die Mitte des Tisches.
2. Du legst dein Mäppchen rechts daneben.
3. Du hebst den linken Arm.
4. Du legst deine linke Hand auf dein Mäppchen.
5. Du hebst den rechten Arm.
6. Du legst deine rechte Hand auf deinen Kopf.
7. Was für ein Quatsch! Du schüttelst den Kopf.
8. Du klatschst, so laut du kannst, in die Hände.

To-do-Diktat „Mundgemälde“

Material: Heft, Bleistift

1. Du legst dein Hausaufgabenheft auf den Tisch.
2. Du schlägst eine Seite von letzter Woche auf.
3. Du legst den Bleistift auf das Heft.
4. Du nimmst den Stift ohne Hände zwischen die Zähne.
5. Du malst einen Strich über die ganze Seite.
6. Du klatschst, so laut du kannst.

ISBN 978-3-8346-2976-0 | www.verlagruhr.de | Illustrationen: Anja Boretzki

Stopp und hör

Wenn Sie üben möchten, dass die Kinder eine Arbeit unterbrechen, Ihnen zuhören und dann die Anweisung umsetzen, dann können Sie die „Stopp und hör“-Übungen machen. Lassen Sie die Kinder eine der Malvorlagen bearbeiten. In unregelmäßigen Abständen sagen Sie ein Signalwort oder die kleine Formulierung, die Sie sich überlegt haben („Aufträgen folgen und auf akustische Signale reagieren“, S. 25), z. B. „Achtung, wichtig!“, „Achtung, hör bitte genau zu!“, „Achtung, etwas Wichtiges!“ oder etwas Ähnliches. Dann geben Sie die erste der angegebenen Anweisungen, die der Übung entsprechen. Nach einer Zeit, in der die Kinder weiter die Malvorlage bearbeiten, geben Sie die zweite Anweisung. So verfahren Sie bis zum Ende der Übung. Wenn Sie immer die gleiche Formulierung zur Unterbrechung wählen, unterstützen Sie die Kinder dabei, zu verstehen, dass nun wirklich etwas Wichtiges kommt. Es fällt ihnen dann leichter, ihre Aufmerksamkeit auf das von Ihnen Gesagte zu richten. Sollten Kinder weiterhin Schwierigkeiten haben, können Sie sie unterstützen, indem Sie genau erarbeiten, was Sie erwarten, wenn Sie die Signalworte sprechen, also wie das Kind auf Ihr Signal reagieren soll. Woran erkennen Sie, dass das Kind aufmerksam ist und Ihnen zuhört? Es soll vermutlich den Stift hinlegen, den Mund geschlossen halten und Sie ansehen. Gerade für Kinder mit Konzentrationsproblemen kann es eine enorme Hilfe sein, genau zu wissen, was zu tun ist, wenn sie aufmerksam sein sollen.

Bei den ersten vier Malvorlagen (S. 41–44) sagen Sie in Ihren Anweisungen, in welchen Farben die **unten stehenden Symbole** ausgemalt werden sollen.

Die restlichen Malvorlagen (S. 45–48) werden mit etwas komplexeren Anweisungen durchgeführt. Diese finden Sie unten. Sie können sich aber auch selbst kleine Anweisungen überlegen, an denen Ihre Schüler Spaß haben oder die zum Schulalltag der Klasse passen. Ihrer Fantasie sind keine Grenzen gesetzt.

Stopp und hör „Clown“ (Vorlage S. 45)

1. Male zwei Luftschlangen in die Luft.
2. Male einige rote Konfetti dazu.
3. Male einige blaue Konfetti dazu.

Stopp und hör „Basketballspieler“ (Vorlage S. 46)

1. Male eine rote Linie auf den Boden.
2. Drehe das Blatt um und zeichne die Umrandung deiner Hand auf die Rückseite.
3. Drehe das Blatt um und schreibe deinen Namen in den Handumriss.

Stopp und hör „Seil springen“ (Vorlage S. 47)

1. Stehe auf und hüpfe dreimal.
2. Stampfe fünfmal mit den Füßen auf den Boden.
3. Balle deine Hände dreimal zu Fäusten.

Stopp und hör „Besuch im Wald“ (Vorlage S. 48)

1. Klopfe auf die Tür von deinem Bild.
2. Ziehe die Schultern hoch und lasse sie wieder runter.
3. Klopfe noch einmal auf die Tür.
4. Ziehe mit dem Finger die Glocke auf deinem Bild und sage: „Dingdong“.

Mandala „Himmel“

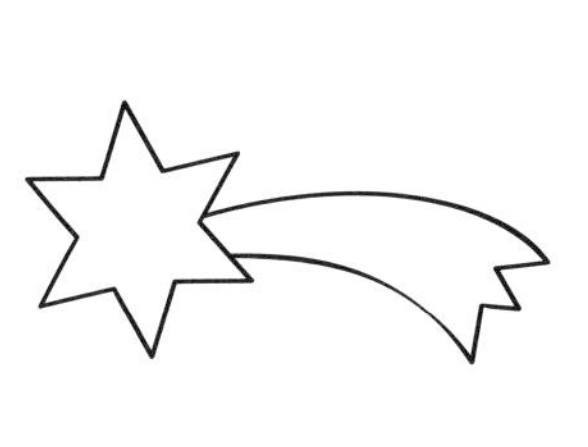

ISBN 978-3-8346-2976-0 | www.verlagruhr.de | Illustrationen: Dorothee Wolters

Mandala „Spiel“

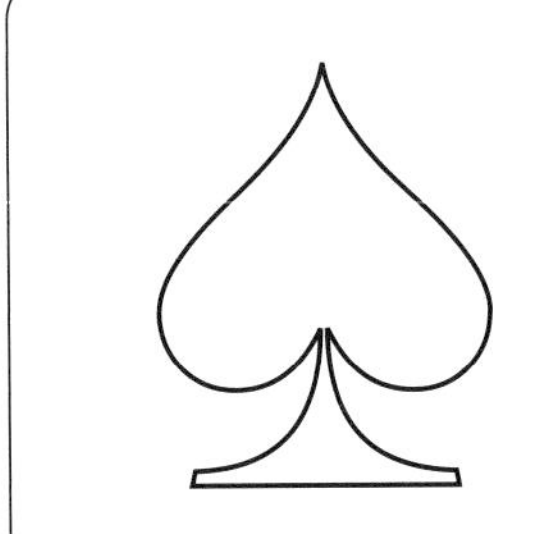

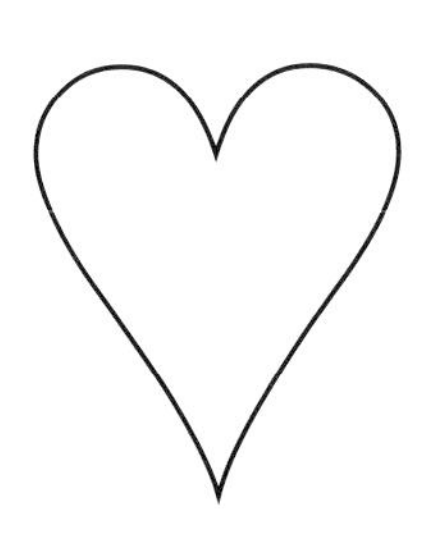

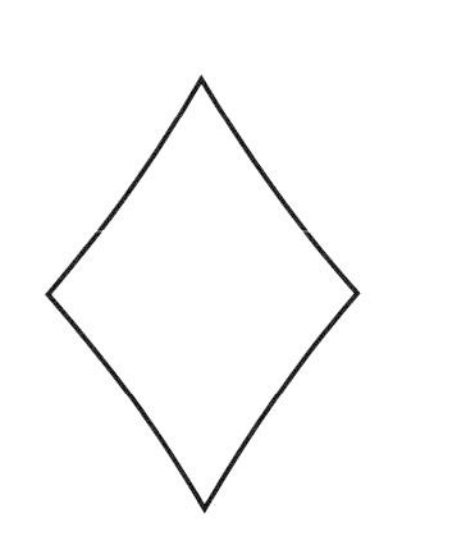

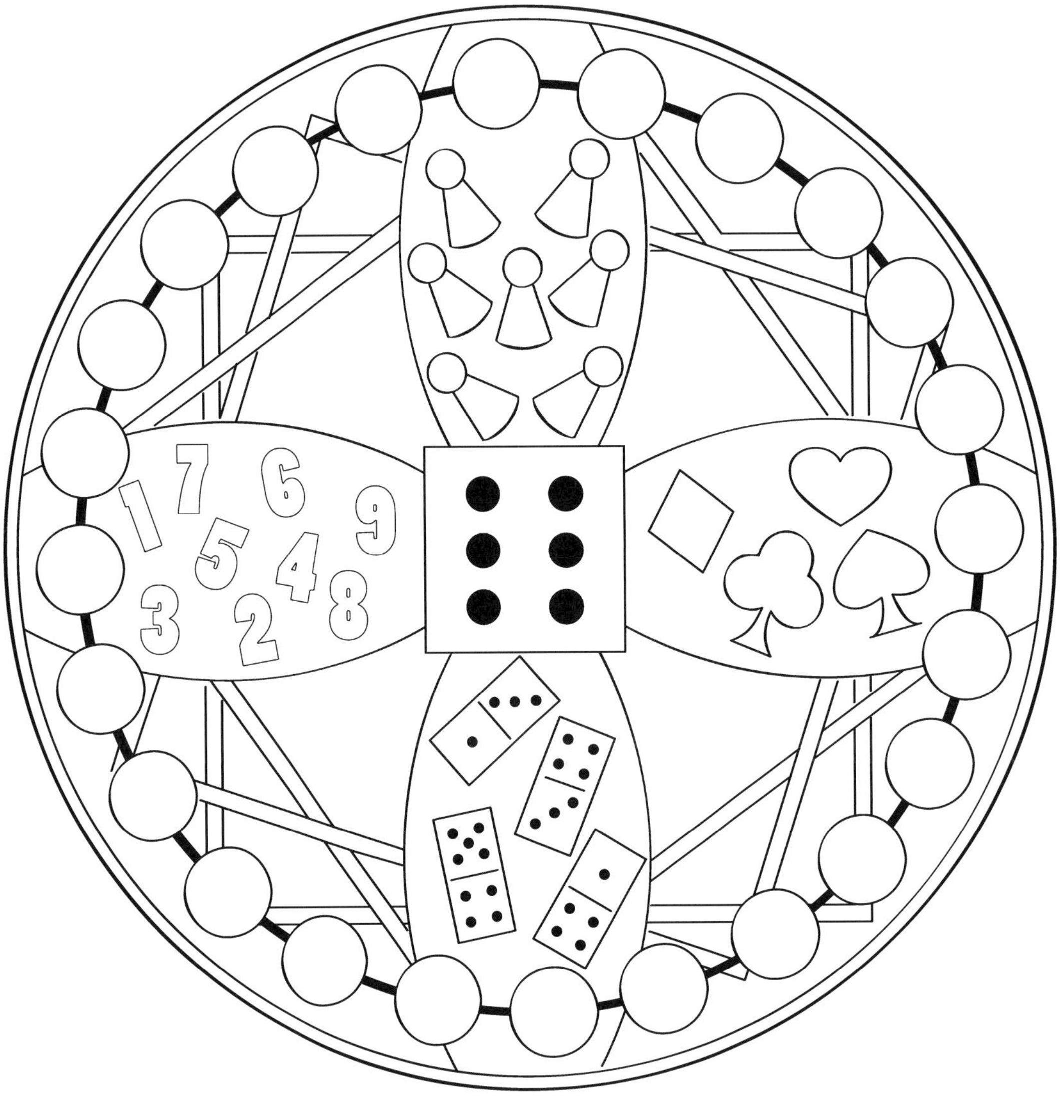

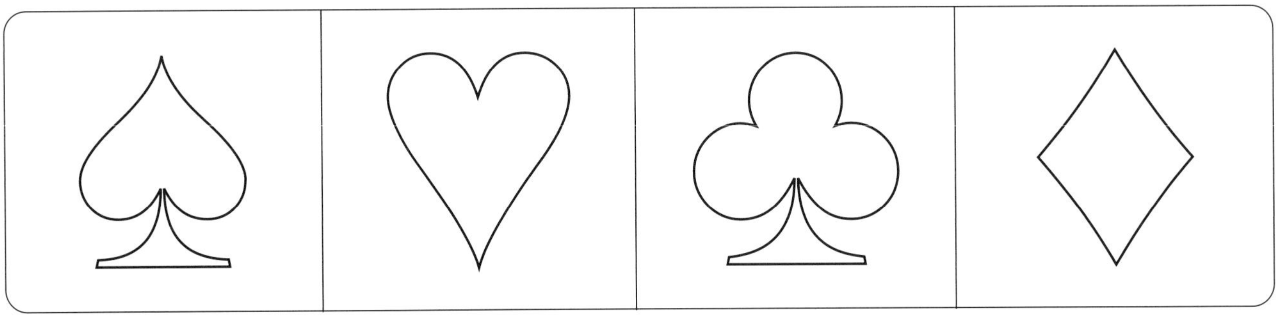

© Verlag an der Ruhr | Autorinnen: Nicola Raschendorfer, Stefanie Schultze-Moderow
ISBN 978-3-8346-2976-0 | www.verlagruhr.de | Illustrationen: Dorothee Wolters

Mandala „Frühling“

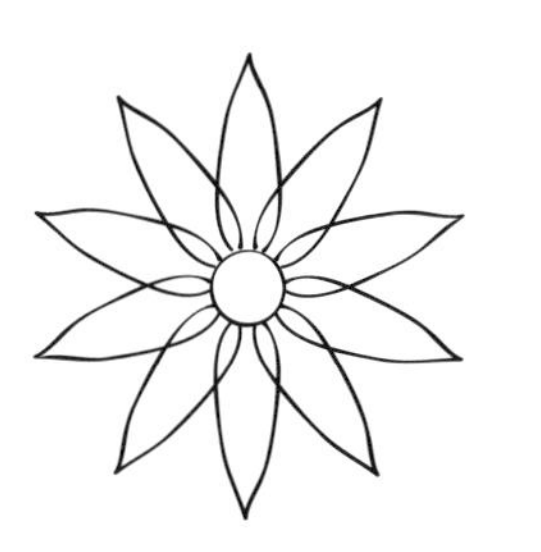

ISBN 978-3-8346-2976-0 | www.verlagruhr.de | Illustrationen: Dorothee Wolters

Mandala „Bälle“

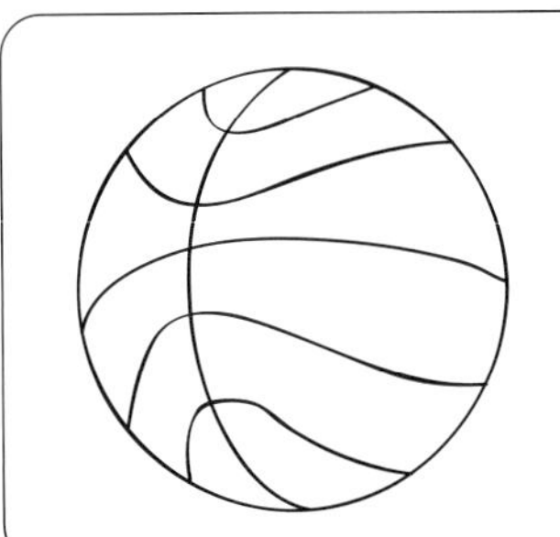
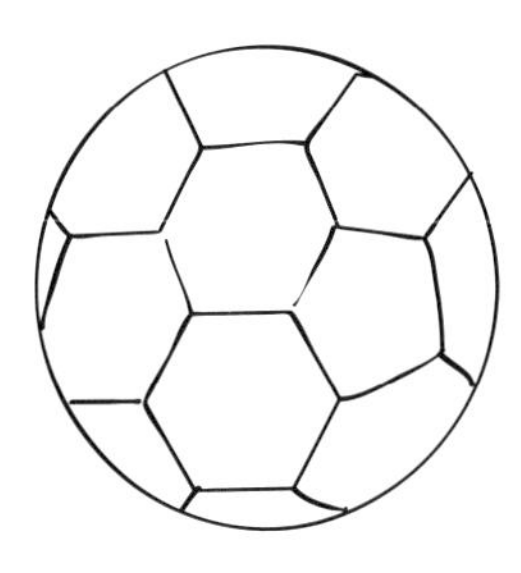
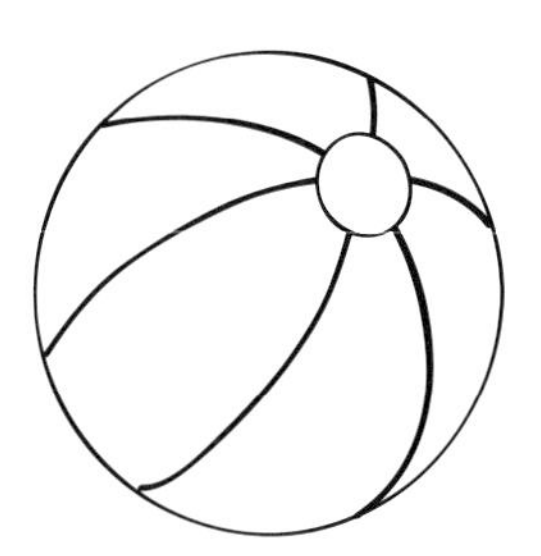

ISBN 978-3-8346-2976-0 | www.verlagruhr.de | Illustrationen: Dorothee Wolters

Clown

ISBN 978-3-8346-2976-0 | www.verlagruhr.de | Illustration: Anja Boretzki

Basketballspieler

ISBN 978-3-8346-2976-0 | www.verlagruhr.de | Illustration: Dorothee Wolters

Seil springen

ISBN 978-3-8346-2976-0 | www.verlagruhr.de | Illustration: Anja Boretzki

Besuch im Wald

ISBN 978-3-8346-2976-0 | www.verlagruhr.de | Illustration: Dorothee Wolters

Reise nach Bad Hörsfeld

Vorbereitung:

Stellen Sie Musik und ein Abspielgerät bereit.

Die „Reise nach Bad Hörsfeld" ist eine abgeänderte Variante der „Reise nach Jerusalem". Es geht dabei in erster Linie darum, in der Aktion innezuhalten und die Aufmerksamkeit auf die Anweisung der Lehrkraft zu richten. Es gibt hier kein Ausscheiden, aber es darf durchaus etwas turbulent zugehen. Die Reise nach Bad Hörsfeld kann je nach zur Verfügung stehendem Platz mit einer mehr oder weniger großen Untergruppe des Klassenverbandes gespielt werden. Für jedes Kind wird ein Stuhl aufgestellt, wie es bei der Reise nach Jerusalem üblich ist. Auf jedem Stuhl liegt ein Blatt Papier und ein Bleistift. Wenn Sie die Übung mit der gesamten Klasse machen wollen, können die Kinder auch um Gruppentische oder andere Formationen laufen. Achten Sie dann jedoch darauf, dass genug Platz zum Laufen bleibt. Sie können die Stühle mit der Sitzfläche nach außen vor die Tische stellen und die Arbeitsblätter auf die Sitzfläche legen. Wenn Sie lieber auf den Tischen arbeiten lassen wollen, ist es evtl. empfehlenswert, die Stühle wegzustellen, damit niemand darüber stolpert.

Jedes Kind steht vor einem Platz mit Arbeitsblatt. Schalten Sie die Musik ein. Alle Kinder laufen oder rennen um die Stuhlformation herum. Sobald Sie die Musik ausschalten, sucht sich jedes Kind einen Platz mit Arbeitsblatt und folgt dort Ihrer Anweisung. Sie können z.B. den ersten Buchstaben eines Wortes nennen, den die Kinder aufschreiben sollen. In der nächsten Runde folgt dann der nächste Buchstabe. Die Kinder schreiben dabei in der Regel auf ein Blatt, das von einem anderen Kind begonnen wurde. Die Kinder können raten, welches Wort wohl entstehen wird. Ist das Wort erraten, kommt das nächste Wort an die Reihe. Sie können auch die Mal-Diktate für die Reise nach Bad Hörsfeld verwenden.

Varianten:

Sie rufen die Anweisung nicht, sondern sprechen sie besonders leise. Sie können die Anweisung direkt nach dem Ausschalten der Musik sprechen oder wenn Sie sehen, dass alle Kinder an einem Platz mit Arbeitsblatt angekommen sind. Natürlich können Sie auch hier die Formulierung, die Sie bei den Stopp-und-hör-Übungen verwenden, einsetzen.

Familie Pritzelwitz

Der besondere Reiz dieser Aufgabe liegt darin, in eine Geschichte Bewegungssequenzen zu integrieren, die mit speziellen auditiven Reizen verknüpft werden müssen. Ein erlebnisreicher Tag der Familie Pritzelwitz, die aus Vater, Mutter, Opa, Kindern und Hund besteht, wird erzählt (S. 51). Im Vorfeld werden die Familienmitglieder auf die Kinder der Lerngruppe verteilt, wobei Mehrfachnennungen natürlich möglich bzw. notwendig sind. Die Kinder lauschen der Geschichte und richten ihre Aufmerksamkeit speziell auf diejenigen Personen, in deren Rolle sie geschlüpft sind. Jedes Mal, wenn im Kontext der Geschichte ein Familienmitglied erwähnt wird, stehen die entsprechenden Kinder auf, drehen sich einmal um sich selbst und setzen sich wieder hin. Wenn von der gesamten Familie die Rede ist, stehen alle auf und drehen sich einmal um sich selbst.

Varianten:

1. Jedes Familienmitglied wird zusätzlich mit einer passenden Bewegung verknüpft, so stützt sich der Opa beispielsweise auf einen imaginären Stock, der Hund wackelt mit dem Po, die Söhne strecken die Zunge heraus etc. Das Um-sich-selbst-Drehen wird dementsprechend durch die vorher vereinbarte Bewegung ersetzt.
2. Zusätzlich zur Bewegung werden Geräusche integriert, die von den Kindern selbst produziert werden. Folgende Möglichkeiten sind denkbar:
   Der Hund bellt.
   Der Opa ruft: „Tor!“
   Die Mutter jammert: „Ach Gottachgott!“
   Die Töchter pfeifen eine Melodie.
   Die Söhne machen zur langen Nase „Bäh!“.
3. Der Titel „Familie Pritzelwitz auf dem Weihnachtsmarkt“ ist variabel. Sollte die Familie das Frühlingsfest oder einen Rummel besuchen, sind die entsprechenden Stellen umzuformulieren.

Familie Pritzelwitz auf dem Weihnachtsmarkt

Heute ist Samstag. Die ganze Familie Pritzelwitz freut sich schon, denn heute wollen alle zusammen auf den Weihnachtsmarkt gehen. Die Mutter will Geschenke für ihre Kolleginnen kaufen, die Töchter suchen etwas für ihre besten Freundinnen, die Jungen haben noch nichts für den Opa, der Vater freut sich besonders auf den Glühwein und der Hund hofft auf eine Bratwurst.

Zuerst muss natürlich Opa abgeholt werden. Weil die Eltern mit ihren Kindern schon ein bisschen zu spät dran sind, steigen alle schnell ins Auto. Der Vater gibt Gas und rammt dabei leider die Garagenmauer. Im Anschluss macht er eine Vollbremsung, denn die Töchter haben aus dem Rückfenster geguckt und laut geschrien, weil sie gerade noch rechtzeitig den Hund entdeckt haben, den alle in der Aufregung vergessen hatten.

Endlich hält das Auto vor Opas Haus. Der ist aus Ärger, dass seine Familie so spät kommt, sehr aufgeregt und stolpert deshalb über den Hund. Der Vater kann den Opa gerade noch auffangen, aber der Hund hat sich so erschrocken, dass er vor Schreck an Opas Hose pinkelt. Jetzt geht's aber endlich los.

Die Kinder streiten auf der Rückbank, sodass die Eltern völlig genervt sind. Außerdem findet die Familie keinen Parkplatz. Endlich entdeckt die Mutter einen. Die Kinder steigen aus und stürzen sofort los, der Hund hinterher. Die Mutter rennt nach, findet aber nur ihre Töchter wieder. Das ist ihnen jetzt auch egal, die Frauen wollen Stände angucken und kümmern sich nicht mehr um die Jungen, die vor lauter Streiten und Verstecken vergessen, ein Geschenk für den Opa zu suchen.

Vater und Opa spazieren erst mal zum Glühweinstand, wo sie zwei alte Freunde treffen, mit denen sie sofort über die neuesten Fußballergebnisse streiten. Aber wo ist der Hund? Der hat sich inzwischen mit dem Würstchenverkäufer angefreundet und so viele Würstchen gefressen, dass ihm fürchterlich schlecht ist.

Als die Familie, die sich schon Sorgen gemacht hat, den Hund endlich findet, pinkelt er vor lauter Wiedersehensfreude allen Kindern an die Hosen. Daraufhin wird er von der Mutter zum Auto getragen und in den Kofferraum gesperrt. Die Söhne sperrt sie gleich mit ein, weil die immer noch streiten, die Mädchen sind zufrieden, weil sie ihre Geschenke gekauft und jetzt mehr Platz auf der Rückbank haben.

Jetzt sind leider Vater und Opa verschwunden. Die Mutter läuft mit den Töchtern los, die Jungs müssen mit dem Hund im Auto bleiben, der vor Wut schon wieder ... ihr wisst schon.

Endlich werden die beiden Männer entdeckt. Sie stehen immer noch am Glühweinstand und wollen gar nicht mehr weg. Der Opa ist so vergnügt wie selten und auch der Vater hat sich mit den Fußballfreunden wieder versöhnt. Die Frauen der Familie wollen jetzt aber endlich los!

Die Mädchen schnappen sich ihren Opa und die Mutter zerrt ihren Mann zum Auto, wo die Jungen immer noch streiten und der Hund inzwischen eingeschlafen ist. Als alle angeschnallt sind, fährt die Mutter los und bringt erst mal den Opa nach Hause. Sie hilft ihm noch schnell ins Bett, während Vater und Kinder auf den Hund aufpassen.

Als die Familie endlich zu Hause ankommt, sind doch alle ganz zufrieden. Die Söhne vertragen sich, die Mädchen haben die Lebkuchenherzen, die sie für ihre Freundinnen gekauft haben, inzwischen selbst aufgegessen und Vater und Hund schlafen sehr schnell auf dem Sofa ein und träumen von Glühwein und Würstchen.

Jetzt freuen sich alle auf Weihnachten ...

Auf Durchzug schalten

Neben dem Fokussieren der Aufmerksamkeit auf die gegenwärtige Aufgabe und dem Reagieren auf bestimmte wichtige Signale ist es für konzentriertes Arbeiten auch wichtig, auditive Störreize auszublenden und nicht auf sie zu reagieren. Die Übung „Auf Durchzug schalten" ermöglicht es einerseits, die Kinder erfahren zu lassen, dass sie dies können. Andererseits dient sie als Grundlage für ein Gespräch, wie die Kinder dieses Verhalten auch bei Klassenarbeiten umsetzen können.

Bei der Übung „Auf Durchzug schalten" bearbeitet ein Kind eine Vorlage. Dabei handelt es sich um recht einfache Aufgaben der Kategorie „Reihen fortsetzen". Natürlich können Sie auch andere Aufgaben, z.B. aus dem Mathebuch, nehmen. Diese sollten jedoch für das arbeitende Kind auf keinen Fall schwer sein, sondern eher zu den Wiederholungs- bzw. Routineaufgaben zählen. Die anderen Kinder der Kleingruppe dürfen versuchen, das Kind abzulenken. Hierzu können sie etwas erzählen, das übende Kind auffordern, zuzuhören, Witze erzählen, Grimassen schneiden oder wilde Gesten machen. Übernehmen ggf. Sie zunächst den ablenkenden Part.

Die Übung sollte immer erst in kleineren Gruppen gemeinsam mit Ihnen durchgeführt werden. Es geht nämlich weniger um die Bearbeitung der Vorlage selbst als vielmehr um die nach der Übung stattfindende Auswertung der benutzten Strategien:

1. Wie ist es ihm gelungen, die Störungen nicht an sich heranzulassen und weiterzuarbeiten?
2. Bei welchen Störungen ist das besonders schwergefallen?
3. Was hat das Kind während des Arbeitens gedacht, um weiterarbeiten zu können?

Hier können auch hilfreiche Selbstinstruktionen von Ihnen vorgeschlagen werden, etwa „Was die machen, ist egal. Ich arbeite einfach weiter". Auch gedachte oder leise durchgeführte Selbstinstruktionen, die den Arbeitsprozess begleiten und bei denen das Kind immer benennt, was es als Nächstes zeichnet, sollten dringend durch Lob verstärkt werden. Sie können zudem sagen, dass man diese Methode auch bei Klassenarbeiten benutzen kann, um konzentriert zu bleiben.

Auf Durchzug schalten 1/6

Setze die Reihe fort.

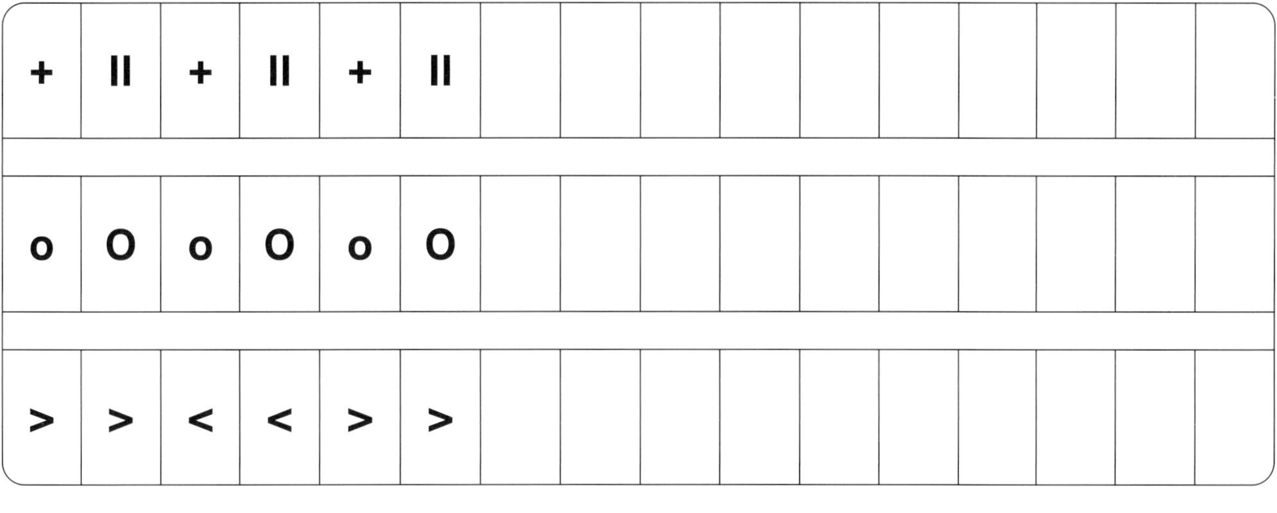

+	II	+	II	+	II										
o	O	o	O	o	O										
>	>	<	<	>	>										

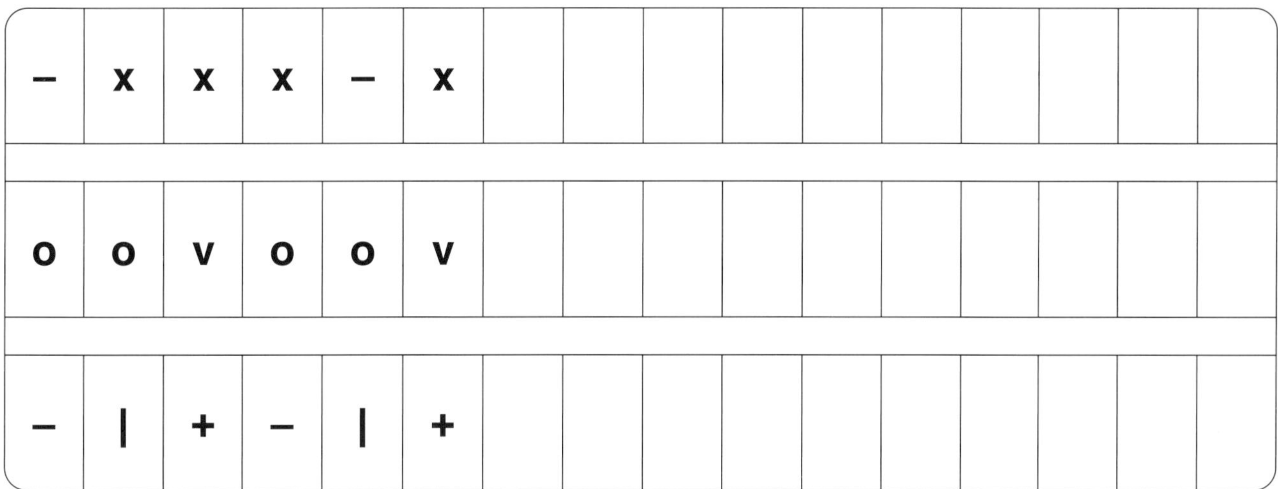

–	x	x	x	–	x										
o	o	v	o	o	v										
–	I	+	–	I	+										

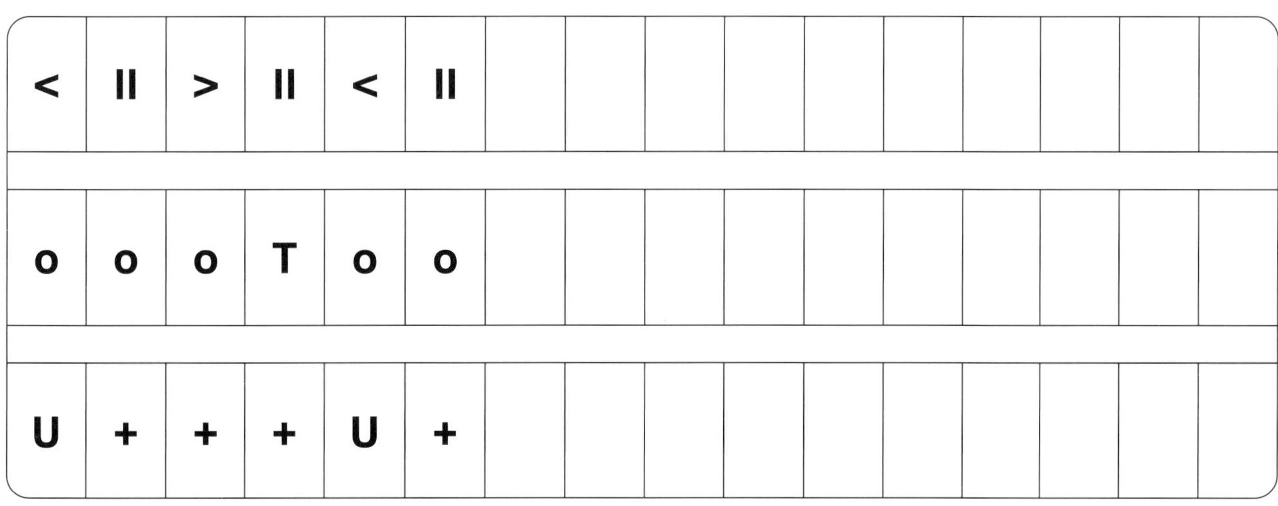

<	II	>	II	<	II										
o	o	o	T	o	o										
U	+	+	+	U	+										

ISBN 978-3-8346-2976-0 | www.verlagruhr.de

Auf Durchzug schalten 2/6

Setze die Reihe fort.

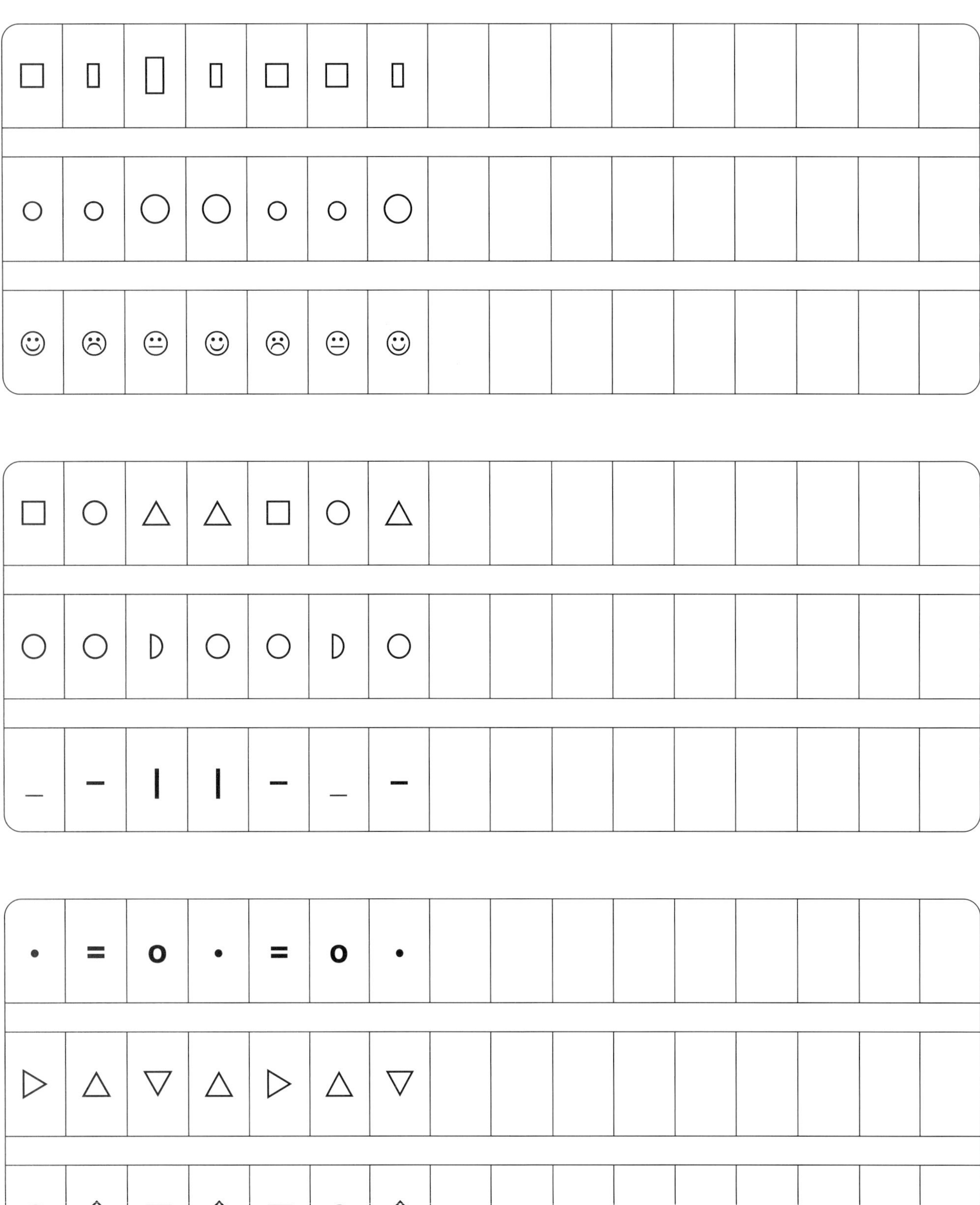

ISBN 978-3-8346-2976-0 | www.verlagruhr.de

Auf Durchzug schalten 3/6

Setze die Reihe fort.

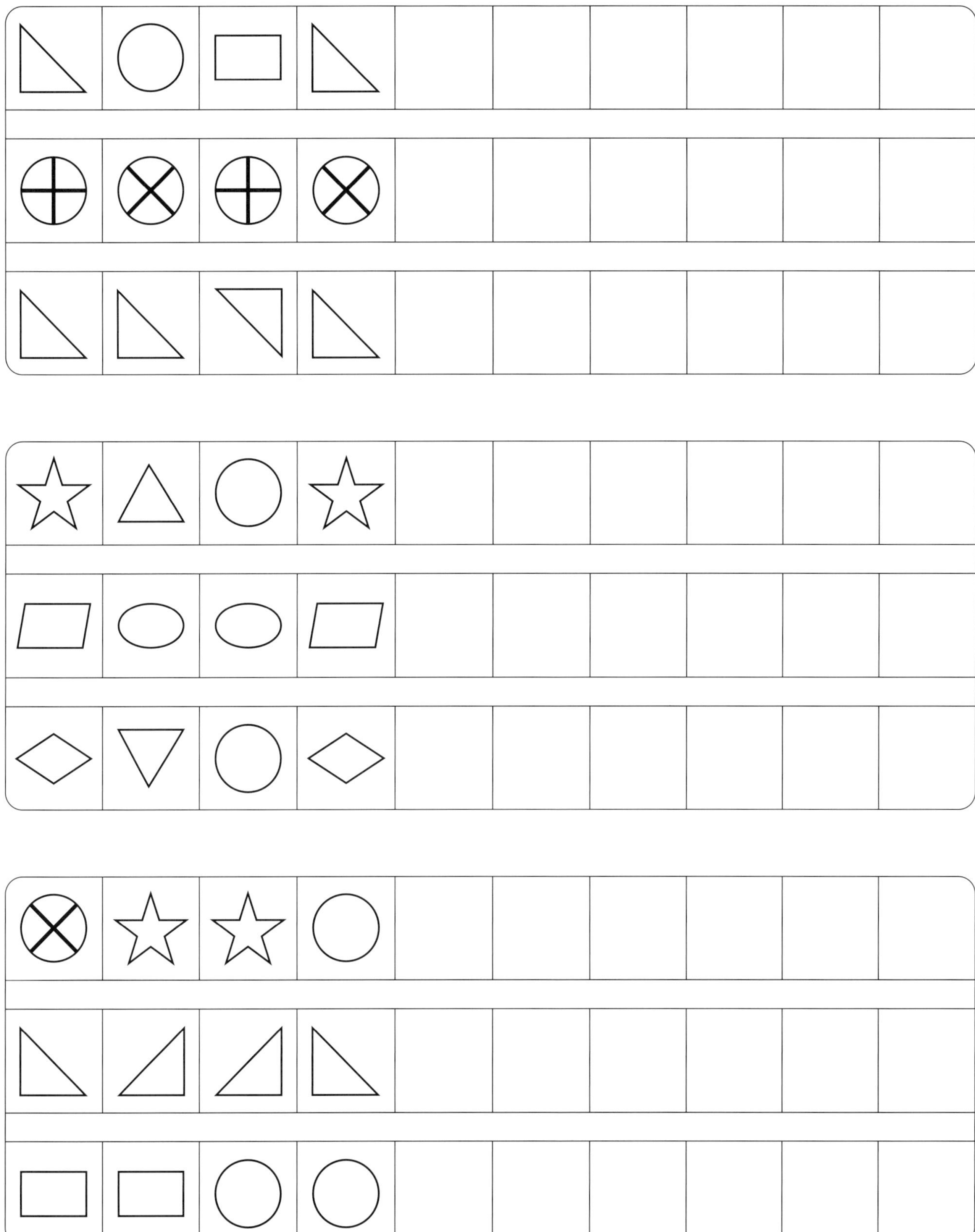

© Verlag an der Ruhr | Autorinnen: Nicola Raschendorfer, Stefanie Schultze-Moderow
ISBN 978-3-8346-2976-0 | www.verlagruhr.de

Auf Durchzug schalten 4/6

Setze die Reihe fort.

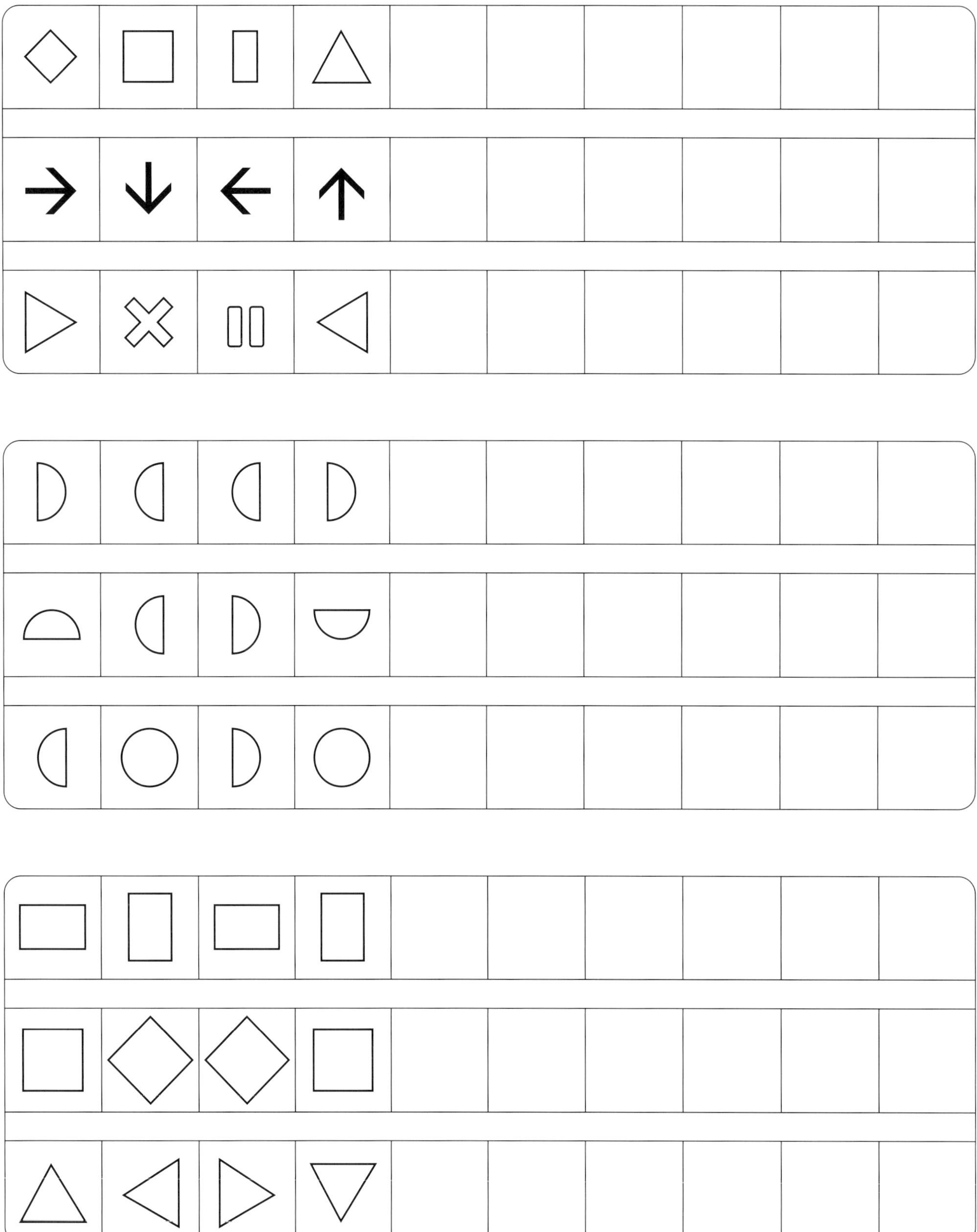

ISBN 978-3-8346-2976-0 | www.verlagruhr.de

Auf Durchzug schalten 5/6

Setze die Reihe fort.

A	B	C	D	A					
1	2	3	4	1					
2	4	6	8	2					

O	P	Q	O	P					
9	7	5	9	7					
3	3	8	8	3					

M	N	O	M	N					
X	Y	Z	X	Y					
1	2	2	1	2					

ISBN 978-3-8346-2976-0 | www.verlagruhr.de

Auf Durchzug schalten 6/6

Setze die Reihe fort.

1	2	3	1	2					
A	E	I	O	A					
T	O	R	⊓	T					

3	2	1	3	2					
O	T	T	O	T					
1	3	5	1	3					

A	B	C	A	B					
1	0	0	1	0					
A	1	A	0	A					

ISBN 978-3-8346-2976-0 | www.verlagruhr.de

Übungen zum auditiven Gedächtnis

Wie bereits an anderer Stelle bemerkt (S. 5), hat das auditive Gedächtnis einen recht hohen Anteil am Lernerfolg der Kinder. Beim Rechnen spielt es z.B. beim Merken von Zwischenergebnissen oder beim Einprägen der Einmaleins-Reihen eine Rolle. Im Bereich der Schriftsprache unterstützt ein gutes Gedächtnis beispielsweise die Sinnentnahme beim Lesen von Texten.

Die nun folgenden Übungen dienen dazu, das auditive Gedächtnis zu fördern. Fallen Ihnen Kinder auf, die hier deutliche Schwächen zeigen, sollte ggf. gemeinsam mit den Eltern darüber nachgedacht werden, wie diese durch häusliches Üben Fortschritte ermöglichen können oder ob eine außerschulische Förderung, etwa im Rahmen einer Ergotherapie, angestrebt werden soll.

Es ist dann auch zu überlegen, wie das betreffende Kind aktuell seine Schwächen kompensieren kann. Hat es z.B. ein gutes visuelles Gedächtnis, kann diese Stärke unterstützend ins Lernen einbezogen werden, indem die Lerninhalte (also etwa das Einmaleins) häufiger auch visuell angeboten werden.

Koffer packen

Die Vorteile dieser Übung liegen einerseits darin, dass die meisten Kinder das Spiel bereits kennen werden und somit keine ausführlichen Erklärungen notwendig sind, und andererseits, dass die Länge der Übung variabel ist. Sie kann also jederzeit eingeschoben oder an das Ende einer Unterrichtseinheit angehängt werden.

Schlagen Sie den Kindern vor, gemeinsam auf eine imaginäre Reise zu einer einsamen Insel zu reisen. Es soll nun ein gemeinsamer Koffer gepackt werden. Sie beginnen also mit dem Satz: „Ich packe unseren Koffer und lege meinen Bikini rein." Das erste Kind wiederholt den Satz und fügt eine weitere Sache hinzu, die es gern mitnehmen möchte. Der nächste Schüler muss sich nun schon zwei Dinge merken und sie aufzählen, bevor er sagen darf, was er denn selbst einpackt. Mit jedem Kind wird die Liste der sich zu merkenden Dinge also länger, die geforderte auditive Gedächtnisleistung steigt so kontinuierlich an.

Varianten:

1. Dem gleichen Prinzip entspricht „Die Reise zum Planeten Leisolus". Die Kinder machen eine imaginäre Reise mit dem Raumschiff zum Planeten Leisolus. Erzählen Sie im Vorfeld, der König des Planeten habe Ihnen geschrieben, es gebe auf seinem Stern keine Geräusche und er bitte die Kinder, ihm und seinem Volk welche mitzubringen, da den Leisolussern die Stille zu langweilig werde. Die Kinder beginnen nun also, akustische Reize zusammenzutragen, die sie im Raumschiff zum Planeten bringen wollen. Die Geräusche werden von den Kindern selbst produziert (pfeifen, schnalzen, schnipsen, rascheln, ein Lied singen ...), sodass kein weiteres Material für die Übung notwendig ist.
2. Die Übung eignet sich auch zur Gruppenarbeit. Zwar sollte jedes Kind der Gruppe einmal an die Reihe kommen, jedoch haben Sie als Lehrkraft bei dieser Variante die Möglichkeit, die Reihenfolge so zu steuern, dass schwächere Schüler gegebenenfalls früher drankommen, sich also noch nicht so viele Dinge merken müssen und somit eine größere Aussicht auf Erfolg besteht.
3. Auch ein Partner-Setting ist bei dieser Übung denkbar. Jeweils zwei Kinder tun sich zusammen. Das Kind, das an der Reihe ist, darf sich von seinem Partner helfen lassen, wenn es bei einem Wort in der Reihenfolge „hängenbleibt".

Was ist passiert?

Vorbereitung:

Notieren Sie vor Beginn der Übung Fragen und Antworten zum Text.

Oftmals werden Frühstückspausen oder Entspannungsphasen im Unterricht dazu genutzt, den Kindern etwas vorzulesen. In der Regel genießen die Kinder diese Form von Ruhephasen und es entsteht häufig eine sehr entspannte und gleichzeitig konzentrierte Atmosphäre. Ob nach und nach ein ganzer Roman oder auch nur ab und zu eine kleine Geschichte vorgelesen wird, ist für die Durchführung dieser Übung irrelevant. Lesen Sie also ein Kapitel/eine Geschichte vor, die Kinder sollen sich dabei möglichst genau merken, was passiert. Im Anschluss ans Vorlesen beantworten sie gemeinsam Fragen zum Inhalt, deren Schwierigkeitsgrad ansteigt.

Beginnend mit der Frage, was im Kapitel/der Geschichte passiert sei, werden nach und nach immer weitere Details erfragt, z.B. „Was hat der Zauberer heute vor?", „Wie heißt der Hund des Zauberers?", „Wie sieht die Hexe aus, die er im Schloss trifft?" oder „Wie lautet der Zauberspruch, den der Zauberer immer wieder vergisst?" Nicht zwingend notwendig, aber empfehlenswert ist es, die Fragen mit den Antworten vorher zu notieren, um eine genaue Kontrolle zu gewährleisten.

Varianten:

1. Die Kinder melden sich, um die Antwort zu nennen.
2. Die Kinder besprechen die Lösung im Gruppen- oder Partner-Setting, bevor sie die Lösung nennen.
3. Das Kind, das die Frage beantwortet hat, darf sich eine eigene Frage zum Text ausdenken und diese der Klasse/Lerngruppe stellen.
4. Für leistungsstarke Gruppen, die im Schriftspracherwerb ausreichend vorangeschritten sind, können die Fragen zum Text an die Tafel geschrieben werden. Die Kinder schreiben sie ab und beantworten sie schriftlich.

Wie viele Wörter weißt du noch?

Vorbereitung:

Erstellen und laminieren Sie Bildvorlagen.

Nennen Sie eine Reihe von Wörtern, die die Kinder sich merken und anschließend in Einzelarbeit malen oder aufschreiben sollen. Der Schwierigkeitsgrad der gestellten Aufgabe ist steigend, d.h. Sie nennen zu Beginn Dinge, die allen Kindern bekannt sind, z.B. „In unserem Klassenzimmer gibt es ...“. Im zweiten Schritt werden Dinge genannt, die einem Thema, das gerade im Unterricht behandelt wird, zugeordnet sind, z.B. „Im Wald findet man ...“ oder „Zu einem gesunden Frühstück gehören ...“. Um die Anforderung an Konzentration und Gedächtnis weiter zu erhöhen, können die Kinder aufgefordert werden, sich nur die Dinge zu merken, die einer bestimmten Eigenschaft zugeordnet werden. Hier eignet sich eine Formulierung wie „Merke dir alle Dinge, die grün sind: Erbse, Mond, Igel, Grashüpfer, Apfel, Banane, Kleeblatt, Schokolade.“

Varianten:

1. Signalisieren Sie mit einem Handzeichen, dass die Wörter-Sequenz beendet ist. Danach melden sich die Kinder, um die Lösung zu nennen.
2. Den Kindern wird eine laminierte Bildvorlage ausgeteilt, auf der neben den genannten Wörtern eine Reihe anderer Wortvorschläge abgebildet ist. Die Kinder machen Punkte auf den jeweils zutreffenden Bildern. Farbige Bildvorlagen können bei der Variante „Was ist grün?“ (s.o.) nicht verwendet werden, da die Kinder hier über visuelle, nicht über auditive Reize zur Lösung gelangen würden.
3. Die Kinder bilden Kleingruppen, in denen sie im Anschluss an die Wörter-Sequenz ihre Ergebnisse ohne visuelle Stütze, also ohne Bildvorlagen, zusammentragen. Reihum trägt ein Kind der Gruppe seine Ergebnisse vor.
4. Um die Anforderung an Konzentration und Gedächtnis weiter zu erhöhen, werden die Wörter den Kindern zunächst vorgelesen. Anschließend werden sie aufgefordert, eine Bewegungsübung durchzuführen, z.B. „Stelle dich jetzt neben deinen Stuhl und mache fünf Kniebeugen. Danach trommelst du mit den Fäusten auf deinen Brustkorb und setzt dich dann wieder hin.“ Im Anschluss sollen die Kinder die zu merkenden Wörter aufsagen, aufmalen oder auf der Bildkarte ankreuzen.
5. Sollte die Bewegungsfreiheit im Raum sehr eingeschränkt sein, bietet es sich an, die Kinder statt mit der Bewegungsübung mit einem anderen auditiven Reiz zu konfrontieren. Lesen Sie z.B. ein kurzes Gedicht vor.

Kuckucksei

Die in der Übung genannten Wortreihen sind jeweils einem Oberbegriff zugeordnet. Vier dieser Wörter sind unter diesem Begriff zu subsummieren, das fünfte Wort passt nicht zu dem Begriff und soll genannt werden. Die Anforderung liegt also nicht allein darin, sich die Wortreihen, die vorgelesen werden, zu merken. Die Kinder sind gleichzeitig dazu angehalten, den übergeordneten Begriff zu erkennen und das „Kuckucksei" zu identifizieren.

Um sicherzugehen, dass sich Aufmerksamkeit und Merkfähigkeit ausschließlich auf den auditiven Reiz fokussieren, empfiehlt es sich bei dieser Übung, keine unterstützenden Bildvorlagen auszuteilen.

Variante:

1. Die Anzahl der genannten Wörter ist variabel. Um die Erfolgszuversicht zu steigern, empfiehlt es sich, mit fünf Begriffen zu beginnen und diese ggf. auf sieben zu steigern. Die Reihenfolge kann dabei so verändert werden, dass das Kuckucksei auch an der sechsten oder siebten Stelle vorkommt.
2. Als anspruchsvollere Alternative können Sie die Kinder auffordern, alle Wörter zu nennen, die zu dem zuvor zu identifizierenden Oberbegriff genannt wurden. Das „Kuckucksei" wird in diesem Fall bei der Aufzählung ausgespart.

Löwe, Elefant, Hund, Giraffe, Zebra (Antilope, Büffel) › **Tiere im Dschungel**

Radio, Mantel, Schuh, Mütze, Pulli (Hose, Strumpf) › **Kleidungsstücke**

Nudeln, Brot, Saft, Reis, Käse (Wurst, Kartoffeln) › **Dinge, die man essen kann**

rot, scharf, blau, grün, schwarz (weiß, lila) › **Farben**

Füller, Bücher, Hefte, Lineal, Hausaufgaben (Buntstift, Radiergummi) › **Dinge im Ranzen**

Schokolade, Gummibärchen, Lutscher, Bonbons, Salzstangen (Pralinen) › **Dinge, die süß sind**

Tisch, Glas, Stuhl, Schrank, Sessel (Teppich, Sofa) › **Möbelstücke**

Haarspange, Teller, Tasse, Glas, Becher, Schüssel (Becher, Müslischale) › **Geschirr**

Auto, Bus, Fahrrad, Schiff, Skateboard, (Roller, Zug) › **Dinge, die Räder haben**

Stiefel, Turnschuh, Schlittschuh, Strumpf, Sandale (Hausschuh) › **Schuh-Varianten**

Pinguin, Amsel, Möwe, Taube, Spatz (Papagei, Eule) › **Vögel, die fliegen können**

Eiche, Tanne, Ahorn, Buche, Birke (Linde, Trauerweide) › **Laubbäume**

Fußball, Tennis, Hockey, Judo, Stricken (Handball, Boxen) › **Sportarten**

Apfel, Zwiebel, Traube, Banane, Erdbeere (Pflaume, Melone) › **Obstsorten**

Herd, Mixer, Mikrowelle, Schneebesen, Kaffeemaschine (Kühlschrank) › **Küchengeräte, die mit Strom betrieben werden**

Körper-Bongo

Übungen zum auditiven Gedächtnis sind nicht auf die verbale Ebene beschränkt, sondern lassen sich mit akustischen Reizen jedweder Art durchführen. Als motivationssteigernd gelten Aufgaben, die Bewegungen oder ganze Bewegungsabläufe integrieren. Die folgende Übung kann im Sitzen durchgeführt werden, es sind aber auch Varianten denkbar, die mehr Körpereinsatz erfordern.

Setzen Sie sich mit dem Rücken zur Gruppe und klatschen/schlagen Sie einen Rhythmus, der sich aus vier Einzelgeräuschen zusammensetzt. Sie können also zweimal in die Hände klatschen, dann einmal mit den flachen Händen auf die Oberschenkel schlagen und zum Schluss erneut klatschen. Natürlich können Sie auch die umgekehrte oder eine ganz andere Reihenfolge wählen. Wichtig ist, dass zum Einstieg nur zwei Bewegungen (in diesem Fall Klatschen und Auf-die-Oberschenkel-Schlagen) verwendet werden. Sobald die Kinder mit diesem 4er-Rhythmus vertraut sind, wird ein weiteres Geräusch, das vom eigenen Körper selbst produziert werden kann, hinzugefügt. Sie können also beispielsweise mit den Fingern schnipsen, pfeifen, schnalzen, niesen, aber auch mit dem Fuß aufstampfen, auf der Stelle marschieren, hochspringen und dabei „juhu!“ rufen etc. Die Kinder sollten vor Beginn der Übung dazu angehalten werden, sich die Bewegungen, aus denen die Geräusche hervorgehen, einzuprägen. Die Anzahl der Geräusche, die eine Sequenz bilden, wird so lange erhöht, bis die Mehrzahl der Kinder sie nicht mehr reproduzieren kann.

Varianten:

1. Die Kinder machen den Rhythmus gemeinsam nach, sobald sie eine Sequenz gehört haben.
2. Die Kinder sitzen gemeinsam mit Ihnen im Kreis und haben die Augen geschlossen, um eine visuelle Unterstützung zu vermeiden. Wenn sie eine Sequenz gehört haben, wiederholen sie diese gemeinsam, die Augen bleiben hierbei geschlossen.
3. Die Kinder sitzen gemeinsam mit Ihnen im Kreis und haben die Augen geschlossen, um eine visuelle Unterstützung zu vermeiden. Wenn sie eine Sequenz gehört haben, wird ein Kind aufgerufen/meldet sich ein Kind freiwillig, um den Rhythmus zu wiederholen, die Augen bleiben hierbei geschlossen.
4. In Gruppen, denen diese Übung leichtfällt, kann erwogen werden, ob sich einzelne/alle Kinder selbst einen Rhythmus ausdenken, der dann von den anderen wiederholt wird.

Hier stimmt was nicht!

Bei dieser Übung werden Sätze vorgelesen, bei denen die beiden zutreffenden Adjektive vertauscht wurden. Die Kinder hören den Satz, tauschen die Adjektive im Kopf aus und wiederholen den Satz in der richtigen Reihenfolge. Aus einem Satz wie „Die lange Giraffe reckt ihren neugierigen Hals." wird also „Die neugierige Giraffe reckt ihren langen Hals". Die Übung stellt eine besondere Herausforderung dar, da hier nicht nur auditive Aufmerksamkeit und auditives Gedächtnis gefordert werden, sondern auch kognitive Anstrengung notwendig ist, um den Sinn der Sätze zu erfassen.

Varianten:

1. Auf einfachste Weise lässt sich die Übung durchführen, wenn die Kinder die Sätze gemeinsam hören, aber nur jeweils ein Kind die Lösung vorträgt. Als Variante können Kleingruppen gebildet werden, in denen die Lösung vorab besprochen werden darf.
2. Für leistungsschwächere Gruppen werden Bildvorlagen erstellt, auf denen jeweils die beiden Nomen abgebildet sind, die in den Sätzen genannt werden (S. 65–66). Diese visuelle Unterstützung kann evtl. auch differenziert eingesetzt werden.

1. Der lange Junge macht eine freche Nase.
2. Der spitze Kaktus hat grüne Dornen.
3. Die rote Oma sitzt im alten Sessel.
4. Die kleine Hose hat ein blaues Loch.
5. Die scharfe Katze hat kleine Tatzen.
6. Der kalte Junge friert im kleinen Wasser.
7. Der runde Pups kommt aus dem lauten Po.
8. Der kaputte Nachbar repariert das freundliche Radio.
9. Das strömende Mädchen steht im wartenden Regen.
10. Der heiße Opa isst eine erkältete Suppe.
11. Der verschneite Vogel sitzt auf einem singenden Ast.
12. Die glitzernden Geschenke liegen unter dem verpackten Weihnachtsbaum.
13. Die gepunkteten Knödel liegen in der dampfenden Schüssel.
14. Der warme Patient liegt im kranken Bett.
15. Der laute Luftballon platzt mit einem bunten Knall.
16. Das rostige Wasser fließt durch die dreckige Regenrinne.
17. Die bequeme Katze liegt auf dem faulen Sofa.
18. Der dicke Kuchen landet im leckeren Bauch.
19. Dem tropfenden Mädchen läuft die frierende Nase.
20. Der heiße Verkäufer grillt die unfreundlichen Bratwürste.
21. Die spielende Nachbarin schimpft mit den strengen Kindern.
22. Die hohen Blätter fallen von den bunten Bäumen.
23. Der blöde Schüler ärgert sich über den schlauen Fehler.
24. Die dunklen Glühwürmchen leuchten in der hellen Nacht.
25. Die gefährliche Maus fürchtet sich vor dem ängstlichen Tiger.
26. Die stinkende Dame tritt in den vornehmen Hundehaufen.

Hier stimmt was nicht! 1/2

ISBN 978-3-8346-2976-0 | www.verlagruhr.de

Hier stimmt was nicht! 2/2

ISBN 978-3-8346-2976-0 | www.verlagruhr.de

Phonologische Bewusstheit

Reime

Reime lenken die Aufmerksamkeit in spielerischer Form auf den Lautaspekt der Sprache. Der spielerische Umgang mit Reimen ermöglicht den Kindern, sich vom Inhalt der Worte zu lösen und stattdessen auf deren Form zu achten. Reime knüpfen an Bekanntes an, da bereits viele Kinder in Kindergarten oder Vorschule das Reimen geübt und erlernt haben.

... und du musst geh'n!

Als Einstieg in die Übungen zum Reimen eignet es sich, bekannte Abzählreime einzusetzen. Die ganze Gruppe bildet einen Kreis. Zählen Sie mit einem allen bekannten Abzählreim aus, wer als Nächstes an der Reihe ist, einen Reim aufzusagen bzw. das nächste Kind abzuzählen. Für diese Übung ist kein gesondertes Material notwendig, da sowohl Sie als auch die Kinder hier sicher ein großes Repertoire zu bieten haben.

Varianten:

1. Ein Kind sagt seinen Abzählreim auf und lässt den Endreim aus. Kann der Nachbar den Reim ergänzen, ist er an der Reihe. (z.B. „Wer hat den schönsten Schuh? Das bist natürlich ...?" „Du!")
2. Kinder, die zweisprachig aufwachsen oder zumindest Bruchstücke ihrer Herkunftssprache beherrschen, werden aufgefordert, einen Kinderreim in der den meisten Kindern fremden Sprache aufzusagen. Die Klasse untersucht, ob die Laute am Ende der Zeile sich reimen, und versucht, den fremdsprachigen Reim nachzusprechen. (Literatur-Tipp: Wiegenlieder aus aller Welt mit CD, hg. von Kekkonen, Rejio, Reclam-Verlag, 2013)
3. Als Variante eignet sich auch der Einsatz von Fingerspielen. Dabei wird ein kleiner Text gemeinsam mit einem Klatschrhythmus einstudiert und am Ende der Stunde aufgeführt.

   Beispiel: „Bei Müllers hat's gebrannt, -brannt, -brannt – da bin ich hingerannt, -rannt, -rannt – da kam ein Polizist, -zist, -zist – der schrieb mich auf die List, List, List – die List, die fiel in'n Dreck, Dreck, Dreck – da war mein Name wieder weg!" Der entsprechende Klatschrhythmus ist folgender: Zwei Kinder stehen sich gegenüber, jedes klatscht anfangs einmal in die Hände. Anschließend klatschen die Kinder mit der rechten Hand gegen die rechte des anderen, gefolgt von Klatschen in die eigenen Hände, dann links gegen links. Abschließend klatschen die Kinder erneut in die eigenen Hände, dann dreimal mit beiden Händen gegen die Hände des Partners. Dieser Rhythmus wird wiederholt, bis der Reim zu Ende ist.

Geheime Reime

In dieser Übung muss das letzte Wort gefunden werden, welches sich auf jenes am Ende der ersten Zeileneinheit reimen soll.

Da die Betonung hier eine große Rolle spielt, ist es sinnvoll, dass nur Sie oder aber besonders guter Leser in der Klasse die Rolle der Vorleser übernehmen.

Varianten:

1. Bewegungsspiel: Die Kinder denken sich für die Reimwörter Bewegungen aus, mit denen sie die Reime pantomimisch begleiten. Dabei können kleine Aufführungen inszeniert werden. Hierbei werden die Sätze auf Untergruppen verteilt.
2. Wenn der Reim vollständig ist, sprechen die Kinder die Zeile im Chor nach und klatschen die Silben dazu (nur möglich, wenn die Silbensegmentierung bereits geübt wurde).

Tanzt das Mäuschen auf dem Dach, macht das keinen großen	›	**Krach.**
Kauf dir doch den grünen Hut, denn der steht dir wirklich	›	**gut.**
Weht in der Nacht ein heftiger Sturm, fällt ganz leicht der Wurm vom	›	**Turm.**
Wenn wir unsere Witze machen, soll'n die Leute ganz laut	›	**lachen.**
Ärgert man die alte Kuh, mag sie's nicht und macht laut	›	**„muh“.**
Der Augenarzt, der sagt zur Grille: „Sie brauchen dringend eine	›	**Brille.“**
Kommt aus der Dusche ganz viel Wasser, wird der Opa immer	›	**nasser.**
Da haut sie mich, die freche Katze, mit ihrer grau gestreiften	›	**Tatze.**
In der Burg, da sitzen Ritter und haben Angst vor dem	›	**Gewitter.**
Ach, was für ein großer Schreck, auf dem Teppich ist ein	›	**Fleck.**
Ich schwimm' im Meer mit nackten Füßen und lass euch alle herzlich	›	**grüßen.**
Beim Umzug trage ich die Bank und du, du trägst den schweren	›	**Schrank.**
Ich spiele in der Badewanne mit der roten Plastik	›	**-kanne.**
Gemütlicher als auf dem Mofa sitzt man auf dem weichen	›	**Sofa.**
Komisch, guck mal da, das Schwein hat ja ein kariertes	›	**Bein.**
Willst du backen einen Kuchen, musst du erst die Backform	›	**suchen.**
Ach, das ist ja wirklich schade, alle ist die	›	**Schokolade.**
Was liegt da hinten auf dem Tisch? Ein großer, dicker, glitschiger	›	**Fisch.**
Wenn du mal musst, dann setz' den Po auf euer frisch geputztes	›	**Klo.**
Heute Nacht in meinem Traum saß ich auf einem Zauber	›	**-baum.**

Reim-Memo

Vorbereitung:

Kopieren und laminieren Sie das Bildkarten-Set mit Reimwort-Paaren (S. 71–72).

Die Kinder behalten die übliche Memory-Spielweise bei, d.h., der jeweilige Spieler wählt zwei Karten aus dem Pool der verdeckten Bildkarten aus und deckt sie auf. Wenn ein Wortpaar aufgedeckt wurde, das sich reimt, darf das Kind die beiden Karten behalten und ist erneut an der Reihe. Wer am Ende die meisten Paare besitzt, hat gewonnen.

Varianten:

1. Die Kinder decken der Reihe nach eine einzelne Bildkarte auf und versuchen, selbst ein Reimwort zum aufgedeckten Bild zu finden.
2. Jedes Kind erhält die Hausaufgabe, in Zeitschriften oder Katalogen zwei Wörter zu finden, die sich reimen und bildlich dargestellt sind (Möbel: Bank/Schrank, Supermarkt: Markenbutter/Katzenfutter ...). Sollten keine geeigneten Bilder gefunden werden, sind auch gemalte und ausgeschnittene Motive erlaubt. Am nächsten Tag werden die Bilder gemeinsam aufgeklebt, laminiert und zerschnitten.

Anmerkung:

Jede Art von selbst kreierten Memorys erfordert eine aufwändige Vorbereitung, da die entsprechenden Bildkarten größtenteils selbst hergestellt werden müssen. Es ist dennoch sinnvoll, sich diese Mühe zu machen, da die Bildkarten in zahlreichen Spiel- und Übungsvarianten eingesetzt werden können. In unserem Kontext können die Kärtchen nicht nur beim Reimen, sondern auch in vielen Variationen zur Analyse und Synthese, zur An-, Mittel- und Endlaut-Identifikation und zur Silbensegmentierung zum Einsatz kommen. Im letzten Fall allerdings ist es notwendig, die Bildkarten mehrfach auszudrucken oder zu kopieren, bevor sie laminiert werden, da sie ggf. in einzelne Silbensegmente zerschnitten werden müssen.

Reim-Memo 1/2

© Verlag an der Ruhr | Autorinnen: Nicola Raschendorfer, Stefanie Schultze-Moderow
ISBN 978-3-8346-2976-0 | www.verlagruhr.de

Reim-Memo 2/2

ISBN 978-3-8346-2976-0 | www.verlagruhr.de

Vier gewinnt auf Chinesisch (= Viel gewinnt!)

Die Spielidee ist, möglichst viele Wortvarianten zu finden, die sich auf ein vorgegebenes Wort reimen. Schreiben Sie ein den Kindern bekanntes Wort an die Tafel und sprechen Sie es deutlich aus. Betonen Sie dabei jede einzelne Silbe (Tan-ne). Eine Eieruhr wird gestellt und die Kinder versuchen nun, innerhalb von einer Minute so viele Reimwörter wie möglich zu finden.

Varianten:

1. Bevor das Spiel beginnt, wird ausgemacht, dass nicht nur existierende Wörter, sondern auch „Quatschwörter" gereimt werden dürfen (Tanne – Wanne – Lanne – Sanne – Quanne ...). Diese Variante eignet sich für Gruppen, in denen der Wortschatz der Kinder sehr variiert. Auch Schüler mit sehr eingeschränktem Wortschatz haben hier die Möglichkeit, ihre Fähigkeiten bezogen auf das Reimen unter Beweis zu stellen.
2. Eine weitere Möglichkeit, schwachen Schülern Erfolgsaussicht zu vermitteln und nebenbei die Teamfähigkeit der Lerngruppe zu fördern, ist es, die Übung nicht in Einzel-, sondern in Gruppenarbeit durchzuführen.

Ich reime was, was du nicht weißt

Auch das allgemein bekannte „Ich sehe was, was du nicht siehst"-Prinzip kann im Kontext der phonologischen Bewusstheit in zahlreichen Facetten aufgegriffen werden. Die hier beschriebene Übung lässt sich als Bewegungspause zwischen Stillarbeitsphasen einbauen. Die Schüler laufen durch den Raum und prägen sich die verschiedenen Gegenstände, die sie im Klassenraum sehen, ein. Am Ende seiner persönlichen Rundreise durch das Zimmer sagt der jüngste Mitspieler: „Ich sehe etwas im Klassenzimmer, das reimt sich auf ..." (Gespenster: „Fenster!", Nase: „Blumenvase!", Knüller: „Füller!" ...). Hier ist viel Phantasie gefordert, außerdem ist die Übung möglicherweise nur für die Kinder motivierend, die gern spielerisch mit Sprache umgehen und im Bereich des Reimens schon sehr geübt sind.

Varianten:

1. Sollte abzusehen sein, dass die Kinder nicht genügend Beispiele finden, dürfen auch hier „Quatschwörter" benutzt werden. („Ich sehe etwas im Klassenzimmer, das reimt sich auf Wult." – „Pult!")
2. Sollte das Spiel öfter mit der gleichen Gruppe gespielt werden, können Sie Themenbereiche außerhalb des Klassenzimmers anbieten. Die Kinder beginnen jetzt also mit „Ich denke mir eine Sache, die gibt es im Wald und reimt sich auf ..." oder „Ich kenne eine Sache, die kann man essen und reimt sich auf ...".

Silben

Das Segmentieren von Wörtern in Silben steht am Anfang der Einsicht, dass Wörter eben nicht nur eine inhaltliche Bedeutung haben, sondern auch formalen Regeln unterworfen sind.

In diesen Übungen sammeln die Kinder Erfahrungen damit, dass sich einerseits Wörter in Silben zerlegen lassen (Analyse) und dass andererseits mehrere Silben zu einem Wort zusammengefügt werden können (Synthese). Um die Silbensegmentierung zu verdeutlichen, klatschen Sie für jede Silbe, die deutlich ausgesprochen werden soll, einmal in die Hände. Diese Vorgehensweise ist besonders vorteilhaft, da sie nach wie vor als gängige Methode in der Grundschule gilt, Silbensegmentierung zu festigen.

Zur Einführung in diese neue Denkweise eignet sich Wortmaterial, das aus zweisilbigen Wörtern besteht, deren erste Silbe auf einen lang gesprochenen Vokal endet (z. B. Rabe, Kater, Auto, Sofa, Bücher, Gabel, Wiese, Riese, Wiege, Oma, Opa, Blume, Hose, Tafel, Dose, Vogel, Raupe, Taube, Ofen, Rübe). Im weiteren Verlauf der Übung steigt der Schwierigkeitsgrad an, d. h., es schließen sich mehrsilbige Wörter an, deren erste Silbe ebenfalls auf einen lang gesprochenen Vokal endet (z. B. Melone, Lokomotive, Rosine, Amerika, Maschine, Krokodil, Fotografie, Tapete), gefolgt von zweisilbigen Wörtern mit Doppelkonsonant (z. B. Rüssel, Wasser, Schüssel, Tasse, Kanne, Tanne, Teller, Welle, Sonne, Wippe, Treppe, Koffer, Schnuller, Wolle, Kasse, Lasso, Bälle, Suppe, Motte, Mutter, Brille) bzw. zwei verschiedenen Konsonanten (z. B. Wolke, Falke, Körper, Ferkel, Katze, Weste, Schilder, Kasten, Berge, Zwerge, Falte, Maske, Kerze, Lampe, Tinte, Mantel, Pflaster, Balken, Mütze, Salbe). Erst wenn die Kinder mit diesem Material vertraut sind, werden Wörter der beiden letztgenannten Kategorien mit mehr als zwei Silben verwendet.

Wenn das Wortmaterial visuell – also mit Bildkarten – unterstützt werden soll, ist es also unabdingbar, dass das gesamte Bildkartenmaterial vor Übungsbeginn nach verschiedenen Kategorien sortiert wird.

Fang mal!

Material:

Softball, für Variante 2 und 3 Bildkarten-Sets

Werfen Sie einem Kind einen Softball zu und nennen Sie dessen Namen silbenweise (Ste-fa-nie). Das Kind wiederholt den ganzen Namen und wirft den Ball weiter, nachdem es den Namen des nächsten Kindes ebenfalls silbenweise ausgesprochen hat.

Varianten:

1. Die Kinder sollen Wörter zu unterschiedlichen Themen (Tiere im Zoo, Zirkus, Schule, Wald, Bauernhof ...) finden und diese in Silben zerlegen. Der Spielverlauf bleibt derselbe.
2. Bereiten Sie Wörter zu den einzelnen Themenbereichen vor (S. 75–84) und laminieren Sie sie als Bildkarten. Breiten Sie die Karten vor den Kindern aus. Die visuelle Unterstützung bietet die Möglichkeit, sich rein auf den formalen Aspekt zu konzentrieren, die inhaltstragende Komponente tritt somit in den Hintergrund.
3. Die Kinder sollen zu den vorgegebenen Themen Wörter mit einer bestimmten Silbenzahl finden. Auch hier ist eine visuelle Unterstützung in Form von Bildern möglich. Diese schwierige Variante erfordert schon viel Einblick in die Struktur der Sprache und ist daher nicht für Spielanfänger oder schwache Lerngruppen geeignet.

Fang mal! – Tiere: eine und zwei Silben

ISBN 978-3-8346-2976-0 | www.verlagruhr.de

Fang mal! – Tiere: drei und vier Silben

ISBN 978-3-8346-2976-0 | www.verlagruhr.de

Fang mal! – Schule: eine und zwei Silben

© Verlag an der Ruhr | Autorinnen: Nicola Raschendorfer, Stefanie Schultze-Moderow
ISBN 978-3-8346-2976-0 | www.verlagruhr.de

Fang mal! – Schule: drei und vier Silben

ISBN 978-3-8346-2976-0 | www.verlagruhr.de

Fang mal! – Zirkus: eine und zwei Silben

© Verlag an der Ruhr | Autorinnen: Nicola Raschendorfer, Stefanie Schultze-Moderow
ISBN 978-3-8346-2976-0 | www.verlagruhr.de

Fang mal! – Zirkus: drei und vier Silben

ISBN 978-3-8346-2976-0 | www.verlagruhr.de

Fang mal! – Wald: eine und zwei Silben

ISBN 978-3-8346-2976-0 | www.verlagruhr.de

Fang mal! – Wald: drei und vier Silben

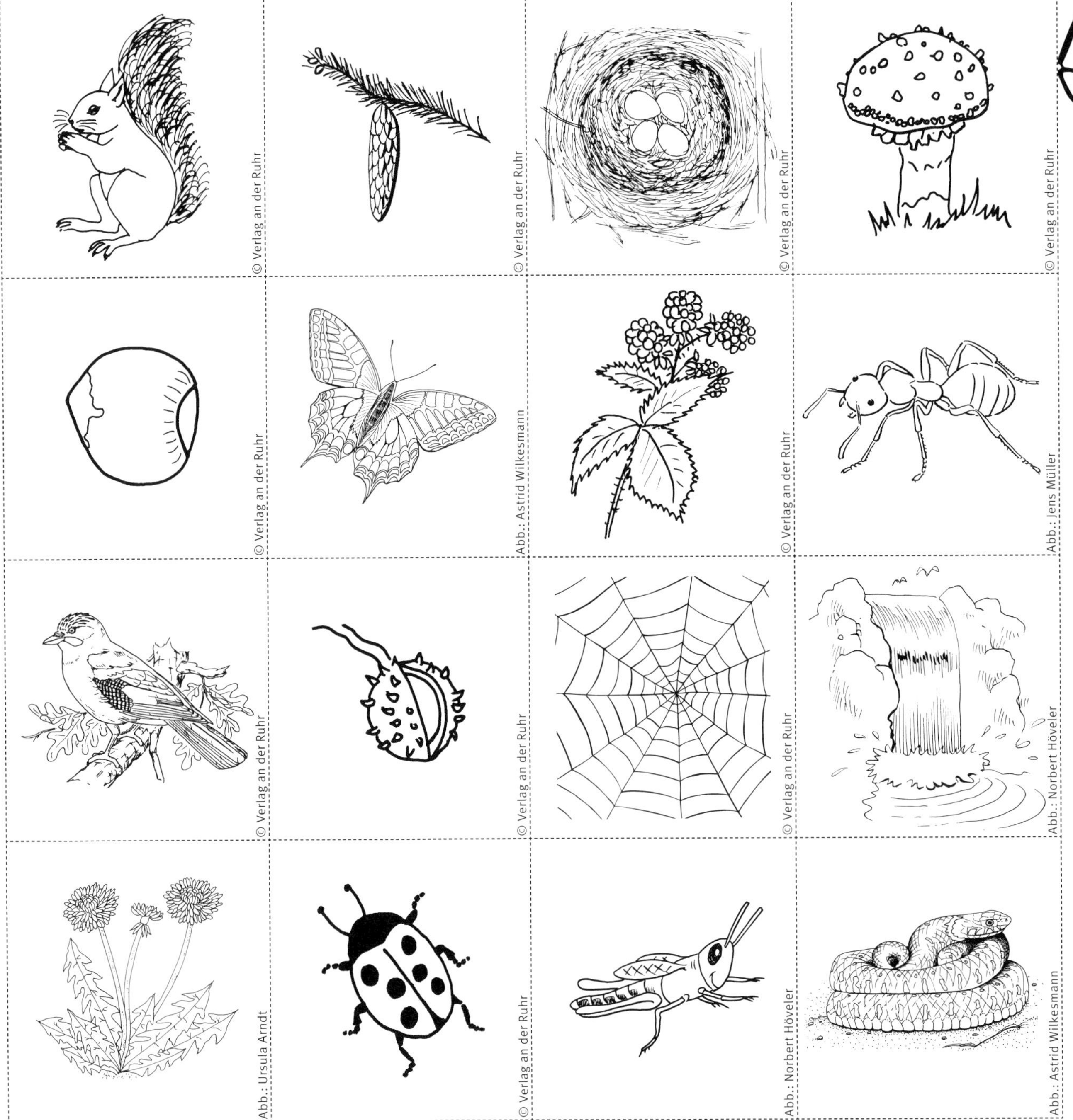

ISBN 978-3-8346-2976-0 | www.verlagruhr.de

Fang mal! – Bauernhof: eine und zwei Silben

ISBN 978-3-8346-2976-0 | www.verlagruhr.de

Fang mal! – Bauernhof: drei und vier Silben

ISBN 978-3-8346-2976-0 | www.verlagruhr.de

Silben-Bingo mal anders

Vorbereitung:

Kopieren und laminieren Sie die Spielpläne (S. 86–87) und stellen Sie Würfel und Spielsteine zur Verfügung.

Das Silben-Bingo weicht in geringem Maße vom herkömmlichen Bingo-Prinzip ab, da es als Würfelspiel in Tischgruppen gespielt wird. Optimal sind Gruppen mit vier Teilnehmern. Sollten mehr Kinder teilnehmen, erhalten mehrere Kinder die gleichen (laminierten) Spielpläne und kommen somit zu den gleichen Ergebnissen.

Jede Gruppe erhält einen Würfel, darüber hinaus erhält jedes teilnehmende Kind einen Spielstein sowie einen Spielplan, auf dem die zweisilbigen Wörter, die den Rand des Spielplans bilden, mit denen aller Gruppenteilnehmer identisch sind, die Auswahl und Anordnung der Silben aber variieren (S. 86–87). Gewürfelt wird reihum, wobei jedes Kind, das an der Reihe ist, mit seinem Spielstein auf seinem eigenen Spielplan vorrückt. Das Kind mit dem längsten Namen beginnt und würfelt. Der Würfel zeigt an, wie viele Felder vorgerückt werden darf. Ist das Kind auf dem entsprechenden Feld angekommen, segmentiert es das abgebildete Wort und nennt die zweite Silbe. Alle Kinder der Gruppe kreuzen die entsprechende Silbe auf ihrem Spielplan ab, sofern sie dort vorhanden ist. Wie viele Runden gespielt werden, hängt vom Spielverlauf ab. Das Spiel endet, wenn der erste Spieler eine senkrechte, eine waagerechte oder eine diagonale Reihe auf seinem Bingo-Plan angekreuzt hat.

Varianten:

1. Die Kinder erhalten jeweils neben ihrem Spielstein einen Spielplan mit identischen dreisilbigen Wörtern, auf dem sich aber wiederum Auswahl und Anordnung der Silben von den Spielplänen der anderen Gruppenteilnehmer unterscheiden (S. 88–89). Weiterhin werden pro Gruppe zwei Würfel ausgeteilt, wobei einer der beiden so präpariert wurde, dass nur die Augenzahlen zwei oder drei gewürfelt werden können. Gewürfelt wird reihum. Das Kind, das an der Reihe ist, würfelt mit beiden Würfeln. Der reguläre Würfel zeigt an, wie viele Felder der Spieler vorrücken darf, der zweite Würfel benennt, ob die zweite oder die dritte Silbe im Wort gesucht wird. Gewonnen hat wiederum das Kind, das als erstes eine senkrechte, eine waagerechte oder eine diagonale Reihe auf seinem Bingo-Plan ankreuzen konnte.
2. Die Kinder erhalten jeweils neben ihrem Spielstein einen Spielplan mit identischen viersilbigen Wörtern, auf dem sich aber wiederum Auswahl und Anordnung der Silben von den Spielplänen der anderen Gruppenteilnehmer unterscheiden (S. 90–91). Weiterhin werden auch bei dieser Variante pro Gruppe zwei Würfel ausgeteilt, wobei einer der beiden so präpariert wurde, dass nur die Augenzahlen zwei oder drei gewürfelt werden können. Der Spielverlauf bleibt unverändert zur vorherigen Variante.
3. Die Kinder erhalten Spielpläne, auf denen die Wörter durch entsprechende Bildsymbole ersetzt wurden. Der Spielverlauf bleibt unverändert.

Anmerkung:

Bei einigen Kopiervorlagen wurde von der rein lautgetreuen Schreibung abgewichen, indem die Grapheme „ch“, „sch“ und „ie“ integriert wurden.

Silben-Bingo: zweisilbige Wörter 1/4

Nagel	Nase	Nudel	Salat	Kerze
Nadel	**se**	**del**	**lat**	Sofa
Wolke	**ke**	**gel**	**fel**	Tulpe
Käse	**bel**	**pe**	**fa**	Hase
↑ Start Ziel ←	Vogel	Tafel	Gabel	Gurke

ISBN 978-3-8346-2976-0 | www.verlagruhr.de

Phonologische Bewusstheit 2 Silben

Silben-Bingo: zweisilbige Wörter 2/4

Nagel	Nase	Nudel	Salat	Kerze
Nadel	**del**	**lat**	**ke**	Sofa
Wolke	**gel**	**fel**	**bel**	Tulpe
Käse	**pe**	**fa**	**se**	Hase
↑ Start Ziel ←	Vogel	Tafel	Gabel	Gurke

Auditive Wahrnehmung und phonologische Bewusstheit
Basistraining 86
© Verlag an der Ruhr | Autorinnen: Nicola Raschendorfer, Stefanie Schultze-Moderow
ISBN 978-3-8346-2976-0 | www.verlagruhr.de

Silben-Bingo: zweisilbige Wörter 3/4

Nagel	Nase	Nudel	Salat	Kerze
Nadel	**lat**	**ke**	**gel**	Sofa
Wolke	**fel**	**bel**	**pe**	Tulpe
Käse	**fa**	**del**	**se**	Hase
↑ Start Ziel ←	Vogel	Tafel	Gabel	Gurke

ISBN 978-3-8346-2976-0 | www.verlagruhr.de

Phonologische Bewusstheit 2 Silben

Silben-Bingo: zweisilbige Wörter 4/4

Nagel	Nase	Nudel	Salat	Kerze
Nadel	**ke**	**gel**	**fel**	Sofa
Wolke	**bel**	**pe**	**fa**	Tulpe
Käse	**del**	**se**	**lat**	Hase
↑ Start Ziel ←	Vogel	Tafel	Gabel	Gurke

Auditive Wahrnehmung und phonologische Bewusstheit *Basistraining* 87
© Verlag an der Ruhr | Autorinnen: Nicola Raschendorfer, Stefanie Schultze-Moderow
ISBN 978-3-8346-2976-0 | www.verlagruhr.de

Silben-Bingo: dreisilbige Wörter 1/4

Banane	Königin	Rosine	Elefant	Melone
Telefon	**ne**	**gin**	**fant**	Vogelnest
Aufkleber	**te**	**loch**	**fon**	Eistüte
Regenwurm	**ber**	**wurm**	**schirm**	Lampen-schirm
↑ Start Ziel ←	Nasenloch	Tastatur	Mauseloch	Holzkiste

ISBN 978-3-8346-2976-0 | www.verlagruhr.de

Phonologische Bewusstheit 2 Silben

Silben-Bingo: dreisilbige Wörter 2/4

Banane	Königin	Rosine	Elefant	Melone
Telefon	**gin**	**fant**	**te**	Vogelnest
Aufkleber	**loch**	**fon**	**ber**	Eistüte
Regenwurm	**wurm**	**schirm**	**nest**	Lampen-schirm
↑ Start Ziel ←	Nasenloch	Tastatur	Mauseloch	Holzkiste

Auditive Wahrnehmung und phonologische Bewusstheit *Basistraining* 88
© Verlag an der Ruhr | Autorinnen: Nicola Raschendorfer, Stefanie Schultze-Moderow
ISBN 978-3-8346-2976-0 | www.verlagruhr.de

Silben-Bingo: dreisilbige Wörter 3/4

Banane	Königin	Rosine	Elefant	Melone
Telefon	**na**	**ni**	**si**	Vogelnest
Aufkleber	**le**	**lo**	**gel**	Eistüte
Regenwurm	**tü**	**kis**	**gen**	Lampen-schirm
↑ Start Ziel ←	Nasenloch	Tastatur	Mauseloch	Holzkiste

ISBN 978-3-8346-2976-0 | www.verlagruhr.de

Silben-Bingo: dreisilbige Wörter 4/4

Banane	Königin	Rosine	Elefant	Melone
Telefon	**ni**	**si**	**le**	Vogelnest
Aufkleber	**lo**	**gel**	**tu**	Eistüte
Regenwurm	**kis**	**gen**	**pen**	Lampen-schirm
↑ Start Ziel ←	Nasenloch	Tastatur	Mauseloch	Holzkiste

ISBN 978-3-8346-2976-0 | www.verlagruhr.de

Silben-Bingo: viersilbige Wörter 1/4

Tafelkreide	Regen-bogen	Nudelsalat	Badehose	Schokolade
Apfel-kuchen	**fel**	**le**	**ben**	Taschen-lampe
Elefanten	**schen**	**de**	**la**	Taschen-rechner
Schrauben-zieher	**ko**	**gen**	**men**	Bade-meister
↑ Start Ziel ←	Blumen-wiese	Regen-mantel	Telefonbuch	Salamibrot

ISBN 978-3-8346-2976-0 | www.verlagruhr.de

Phonologische Bewusstheit 2 Silben

Silben-Bingo: viersilbige Wörter 2/4

Tafelkreide	Regen-bogen	Nudelsalat	Badehose	Schokolade
Apfel-kuchen	**fel**	**ben**	**schen**	Taschen-lampe
Elefanten	**de**	**la**	**ko**	Taschen-rechner
Schrauben-zieher	**gen**	**men**	**le**	Bade-meister
↑ Start Ziel ←	Blumen-wiese	Regen-mantel	Telefonbuch	Salamibrot

Auditive Wahrnehmung und phonologische Bewusstheit *Basistraining* 90
© Verlag an der Ruhr | Autorinnen: Nicola Raschendorfer, Stefanie Schultze-Moderow
ISBN 978-3-8346-2976-0 | www.verlagruhr.de

Silben-Bingo: viersilbige Wörter 3/4

Tafelkreide	Regen-bogen	Nudelsalat	Badehose	Schokolade
Apfel-kuchen	**krei**	**bo**	**sa**	Taschen-lampe
Elefanten	**ho**	**la**	**lam**	Taschen-rechner
Schrauben-zieher	**meis**	**mi**	**fon**	Bade-meister
↑ Start Ziel ←	Blumen-wiese	Regen-mantel	Telefonbuch	Salamibrot

ISBN 978-3-8346-2976-0 | www.verlagruhr.de

Phonologische Bewusstheit 2 Silben

Silben-Bingo: viersilbige Wörter 4/4

Tafelkreide	Regen-bogen	Nudelsalat	Badehose	Schokolade
Apfel-kuchen	**wie**	**man**	**fon**	Taschen-lampe
Elefanten	**ku**	**mi**	**zie**	Taschen-rechner
Schrauben-zieher	**lam**	**fan**	**bo**	Bade-meister
↑ Start Ziel ←	Blumen-wiese	Regen-mantel	Telefonbuch	Salamibrot

Auditive Wahrnehmung und phonologische Bewusstheit *Basistraining* 91
© Verlag an der Ruhr | Autorinnen: Nicola Raschendorfer, Stefanie Schultze-Moderow
ISBN 978-3-8346-2976-0 | www.verlagruhr.de

1 – 2 – 3 – Sucherei

Die Kinder werden in Gruppen aufgeteilt und aufgefordert, Wörter mit einer bestimmten Silbenzahl zu finden. Im Uhrzeigersinn nennen die Gruppen ihre Vorschläge. Die Gruppe, der kein Wort mehr einfällt, scheidet aus, bis nur noch eine Gruppe übrig bleibt. Diese erhält einen Punkt und nennt die Silbenzahl für die nächste Runde.

Varianten:

1. Um das Spiel zeitlich einzugrenzen, empfiehlt es sich, mit Stoppuhr zu arbeiten oder nur Wörter zuzulassen, die mindestens drei Silben haben.
2. Die zu findenden Wörter müssen einem Thema zugeordnet werden. Sinnvoll ist es, Themen vorzugeben, die in den vorherigen Spielen schon bearbeitet wurden (Wald, Zirkus, Klassenzimmer, Bauernhof ...).
3. Auch in dieser Übung kann die visuelle Unterstützung genutzt werden, um den Spielverlauf zu vereinfachen bzw. um die Aufmerksamkeit ausschließlich auf den formal-sprachlichen Aspekt zu lenken. Hierzu werden die Bildkarten, die den einzelnen Themenbereichen zugeordnet sind, vor den Schülern ausgebreitet (z.B. S. 75–84).

Wiedererkennen und Zählen von Lauten

Um Kinder, die am Anfang ihrer sprachlichen Forscherkarriere stehen, dafür zu sensibilisieren, sich auf die kleinsten Einheiten der gesprochenen Sprache, also die einzelnen Laute, zu konzentrieren, empfiehlt es sich, mit einer Übung zu beginnen, die den Fokus auf die Position des Lautes innerhalb eines Wortes richtet.

Wo ist das „O"?

Legen Sie zunächst einen Laut fest, auf den geachtet werden soll (z.B. „o"). Nennen Sie im Anschluss beliebige Wörter, die den entsprechenden Laut enthalten (z.B. „Oma", „Sonne", „Radio", „Ofen", „Vogel", „Auto" ...). Die Kinder erhalten die Aufgabe, die Position des Lautes innerhalb des genannten Wortes zu identifizieren („Anfang", „Mitte", „Ende"). Wer die Lösung weiß, ruft sie in die Klasse.

Varianten:

1. Die Kinder melden sich, um die Lösung zu nennen.
2. Die Positionen „am Anfang des Wortes", „in der Mitte des Wortes" und „am Ende des Wortes" werden mit bestimmten Bewegungen verknüpft. So stehen die Kinder beispielsweise auf, wenn sich der Laut am Anfang des Wortes befindet, steigen auf den Stuhl, wenn die Mitte des Wortes gemeint ist, oder gehen in die Hocke, wenn sie den Laut am Ende des Wortes hören.
3. Die Kinder können in entsprechend markierte Felder hüpfen.

Donaudampfschifffahrtskapitänskajütenschlüssellochguckerin

Vorbereitung:

Wählen Sie ein spezielles Bildkarten-Set (z.B. S. 75–84) aus.

Die Kinder erhalten die Aufgabe, vorgegebene Wörter auf ihre Lautanzahl zu überprüfen und zu ermitteln, welches das längste bzw. das kürzeste Wort ist. Zeigen Sie hierzu ein Bildkartenpaar. Die Kinder vergleichen die darauf abgebildeten Wörter und nennen das kürzere bzw. längere Wort.

Varianten:

1. Um mehr Sicherheit zu vermitteln, werden die Kinder zuerst aufgefordert, die Silbenanzahl der Wörter herauszufinden, indem sie für jede Silbe einmal in die Hände klatschen.
2. Jede Tischgruppe erhält ein Set Bildkarten und die Kinder werden aufgefordert, das kürzeste bzw. das längste Wort zu finden.
3. Die Kinder erhalten die Aufgabe, alle Wörter mit einer bestimmten Lautanzahl zu finden.

Wie viele Laute hörst du?

Vorbereitung:

Für diese Übung muss ein ausreichend großer Vorrat an Spielsteinen sowie Bildkarten (z. B. S. 75–84, 1- und 2-silbige Wörter) vorhanden sein.

Jedes Kind erhält einen Vorrat an Spielsteinen. Ziehen Sie aus einem Set von Bildkarten ein Kärtchen und nennen Sie das abgebildete Wort, indem Sie jeden Laut deutlich und so langgezogen wie möglich aussprechen (z. B. Ssss/oooo/ffff/aaaa). Legen Sie für jeden Laut einen Spielstein. Die Kinder ziehen jetzt der Reihe nach ebenfalls Bildkarten und sprechen das Wort aus, wobei sie versuchen, die Laute in der Aussprache zu isolieren. Der Rest der Klasse hört zu und legt die Anzahl der Laute mit Spielsteinen.

Anmerkung: Diese Übung ist noch unbeeinflusst von orthografischen Elementen, d. h., sowohl Doppelkonsonanten als auch mehrgliedrige Grapheme werden noch als ein einzelner Laut wahrgenommen. Sollten in der Spielgruppe bereits orthografische Regeln bearbeitet worden oder bekannt sein, empfiehlt es sich, nur lautgetreues Material zuzulassen, um bei den Kindern keine Verwirrung zu stiften.

Varianten:

1. Jede Tischgruppe erhält ein Set Bildkarten und die Kinder werden aufgefordert, die Lautanzahl der ausgewählten Wörter zu ermitteln und nach der Anzahl zu sortieren. Je nach Klein- und Gesamtgruppengröße kann es sinnvoll sein, einen Schiedsrichter pro Gruppe einzusetzen. Die Vorgehensweise während der Übung ändert sich nicht.
2. Die Kinder erhalten die Aufgabe, Wörter mit einer bestimmten Lautanzahl zu finden.
3. Der Reiz der Übung wird gesteigert, wenn Bewegungen in den Spielverlauf integriert werden. So sollen sich die Kinder im Gruppenraum oder in der Turnhalle bei laufender Musik frei bewegen können. Wird die Musik gestoppt, bleiben die Kinder stehen, bilden mit dem Kind, das ihnen am nächsten steht, ein Paar und einigen sich auf einen Zielpunkt. Das kleinere Kind nennt nun ein frei wählbares Wort und macht für jeden Laut, den es spricht, einen Schritt nach vorn. Der Partner kontrolliert und ist, wenn die Analyse der Laute korrekt war, nach dem letzten Laut selbst an der Reihe. Wurde ein Fehler gemacht, werden früher die Rollen getauscht. Wer hat das Ziel, das bei der Partnerbildung von jedem Paar individuell festgelegt wurde, als Erster erreicht?

Anlaute

Zum spielerischen Arbeiten mit den kleinsten Einheiten der Sprache, den Lauten, eignen sich Übungen zur Identifizierung des Anlautes. Sobald die Kinder hier Sicherheit erlangt haben, können Aufgaben zu In- und Endlauten bearbeitet werden.

Damit einzelne Laute identifiziert werden können, ist es notwendig, dass alle Phoneme innerhalb der Übungssequenzen lautiert werden, d.h., Sie müssen unbedingt darauf achten, dass keine Buchstabennamen verwendet werden. „Maus“ setzt sich also aus den Lauten „Mmmm“ – „au“ – „ssss“ zusammen, nicht aus „Em“ – „a“ – „u“ – „es“.

In zahlreichen Übungsvariationen werden Bild- oder Wortkarten benötigt. Um den Aufwand bei der Herstellung zu verringern, empfiehlt es sich, Pärchenspiel-Karten jeglichen Inhalts in den Fundus zu integrieren.

„Anfänger 1“

Die Übung eignet sich für Kinder, die beim Einblick in die formalen Aspekte der Sprache noch ganz am Anfang stehen. Buchstabenkenntnis ist bei dieser Übung nicht zwingend notwendig. Gehen Sie durch die Klasse und nennen Sie einige Kinder beim Namen. Dehnen Sie dabei den Anlaut möglichst lange („Llll-uis, Mmm-illa, Nnn-ikolas ...“). Anschließend werden die anderen Kinder der Gruppe gefragt, mit welchem Laut ihr Name beginnt. Unsichere Kinder können sich hier helfen lassen.

Variante:

Die Gruppe steht im Kreis. Ein Kind nennt den Anlaut des eigenen Namens und wirft einen Ball zu einem Klassenkameraden, dessen Name mit demselben Anlaut beginnt. Sobald es keinen Namen mit diesem Anlaut mehr gibt, darf sich der Ballbesitzer einen neuen Anlaut aussuchen.

„Anfänger 2“

Im nächsten Schritt erhalten die Kinder laminierte Vorlagen (S. 96), auf denen Bildsymbole abgebildet sind. Die Kinder sollen die Wörter aussprechen und alle Wörter, die mit demselben Anlaut des ersten Bildes beginnen, einkreisen. Die Abbildungen, die mit einem anderen Laut beginnen, werden durchgestrichen.

Varianten:

1. Bei Buchstabenkenntnis wird der entsprechende Buchstabe in die Mitte der Vorlage gedruckt, die Kinder sollen die Bilder mit demselben Anlaut durch Striche mit dem Buchstaben verbinden. Das Wortmaterial wird von der Grundübung übernommen (S. 97–101).
2. Nennen Sie Wörter mit demselben Anlaut. Immer, wenn Sie ein Wort aussprechen, das mit einem anderen Laut beginnt, klatschen die Kinder.
3. Ordnen Sie drei verschiedenen Anlauten jeweils eine bestimmte Bewegung zu (z.B. S = vor den Stuhl stellen, M = auf den Stuhl steigen, L = in die Hocke gehen). Nennen Sie ausschließlich Wörter, die mit einem dieser Anlaute beginnen. Die Kinder führen die Bewegungen aus.
4. Der Schwierigkeitsgrad der Übung steigt, wenn Sie auch Wörter mit anderen Anlauten nennen. Es erfordert viel Aufmerksamkeit, nur auf die „richtigen“ Wörter zu reagieren.

Anfänger 2 – Bildvorlagen

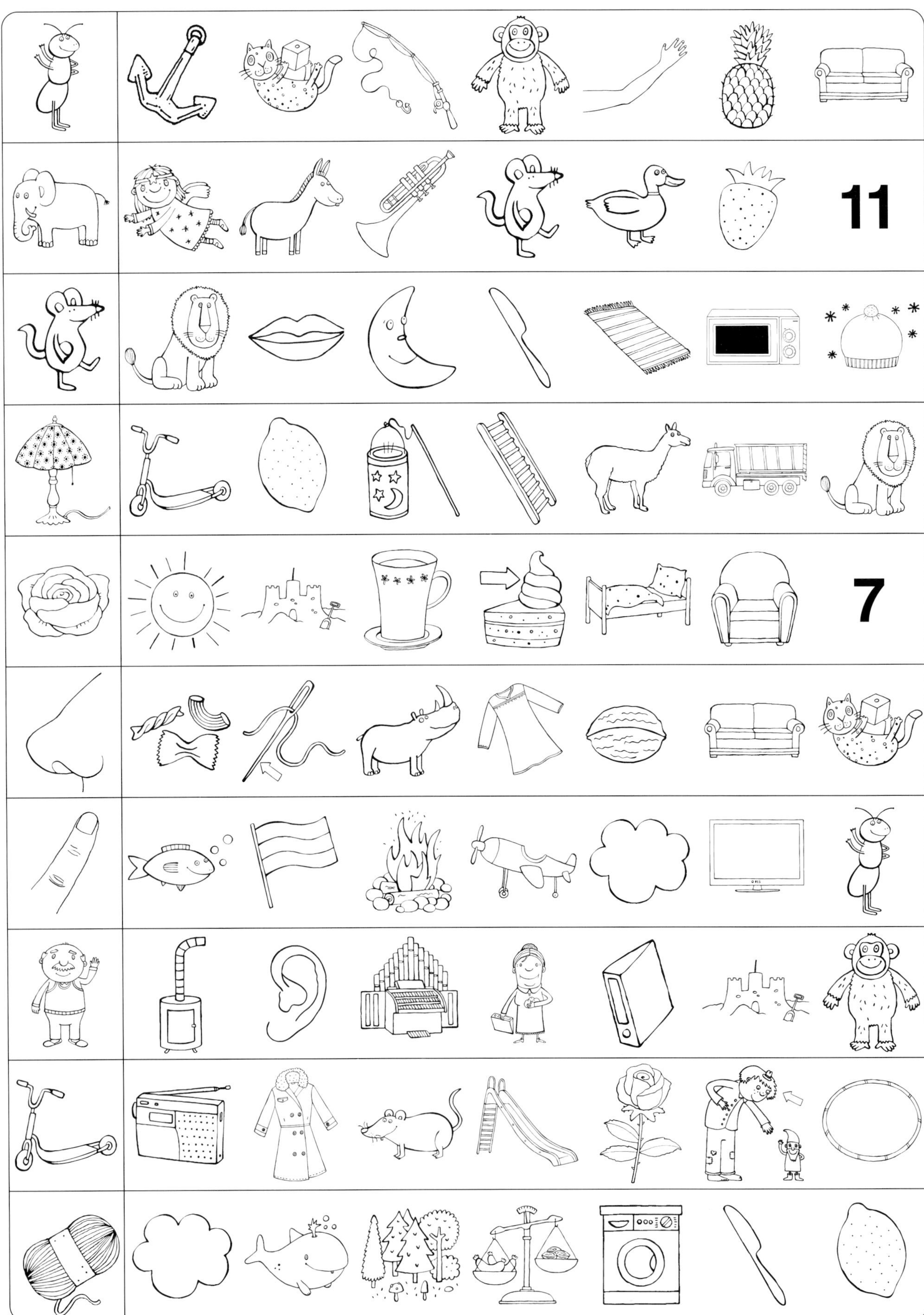

ISBN 978-3-8346-2976-0 | www.verlagruhr.de | Illustrationen: Anja Boretzki

Anfänger 2 – Wörter mit A

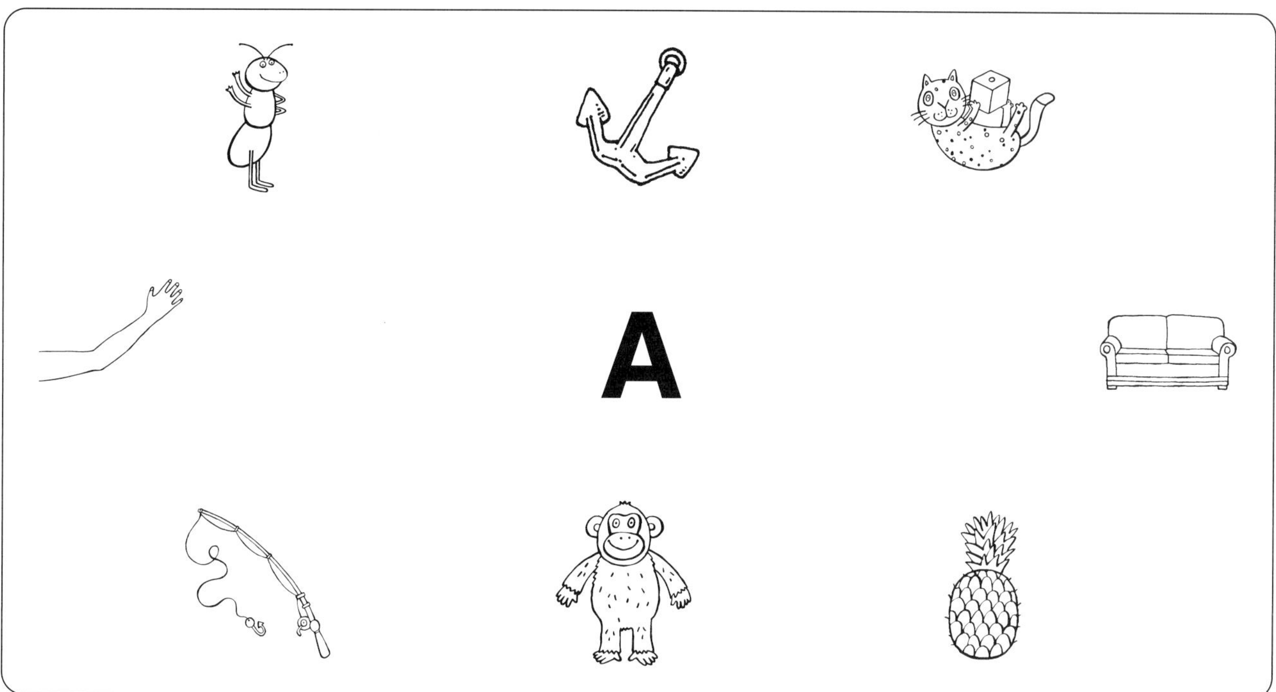

ISBN 978-3-8346-2976-0 | www.verlagruhr.de | Illustrationen: Anja Boretzki

Phonologische Bewusstheit 2 Anlaute

Anfänger 2 – Wörter mit E

Auditive Wahrnehmung und phonologische Bewusstheit
Basistraining 97
© Verlag an der Ruhr | Autorinnen: Nicola Raschendorfer, Stefanie Schultze-Moderow
ISBN 978-3-8346-2976-0 | www.verlagruhr.de | Illustrationen: Anja Boretzki

Anfänger 2 – Wörter mit M

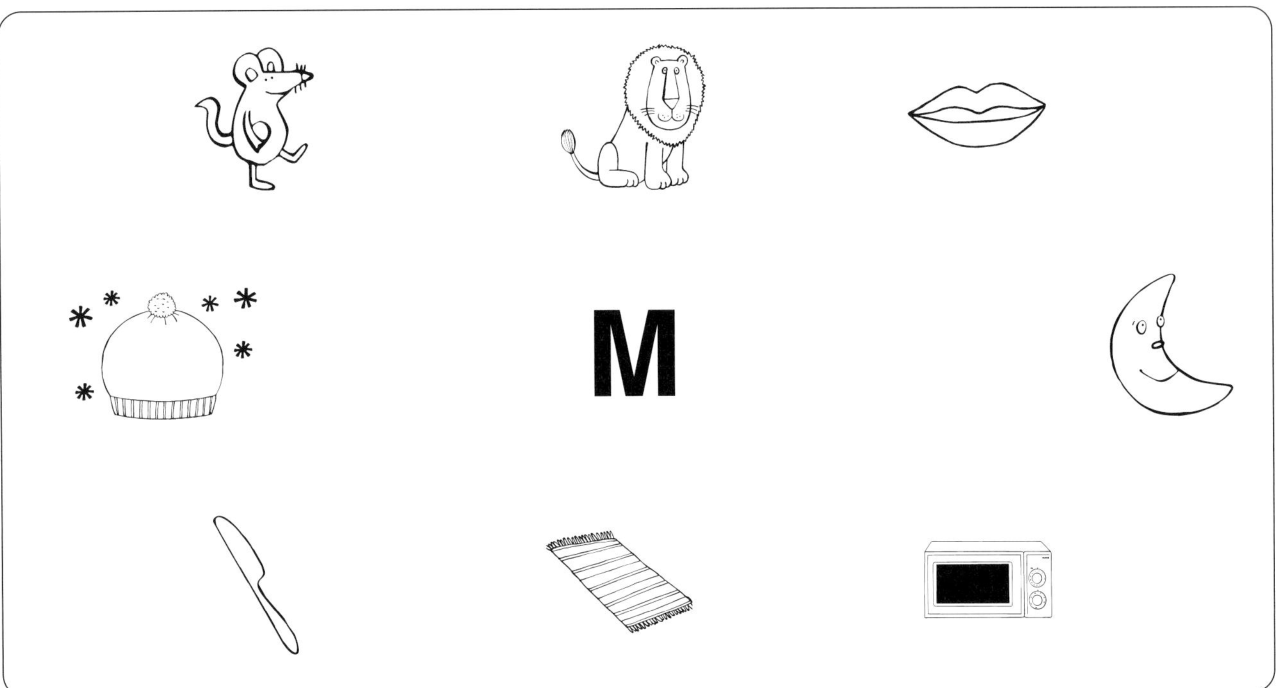

ISBN 978-3-8346-2976-0 | www.verlagruhr.de | Illustrationen: Anja Boretzki

Anfänger 2 – Wörter mit L

© Verlag an der Ruhr | Autorinnen: Nicola Raschendorfer, Stefanie Schultze-Moderow
ISBN 978-3-8346-2976-0 | www.verlagruhr.de | Illustrationen: Anja Boretzki

Anfänger 2 – Wörter mit S

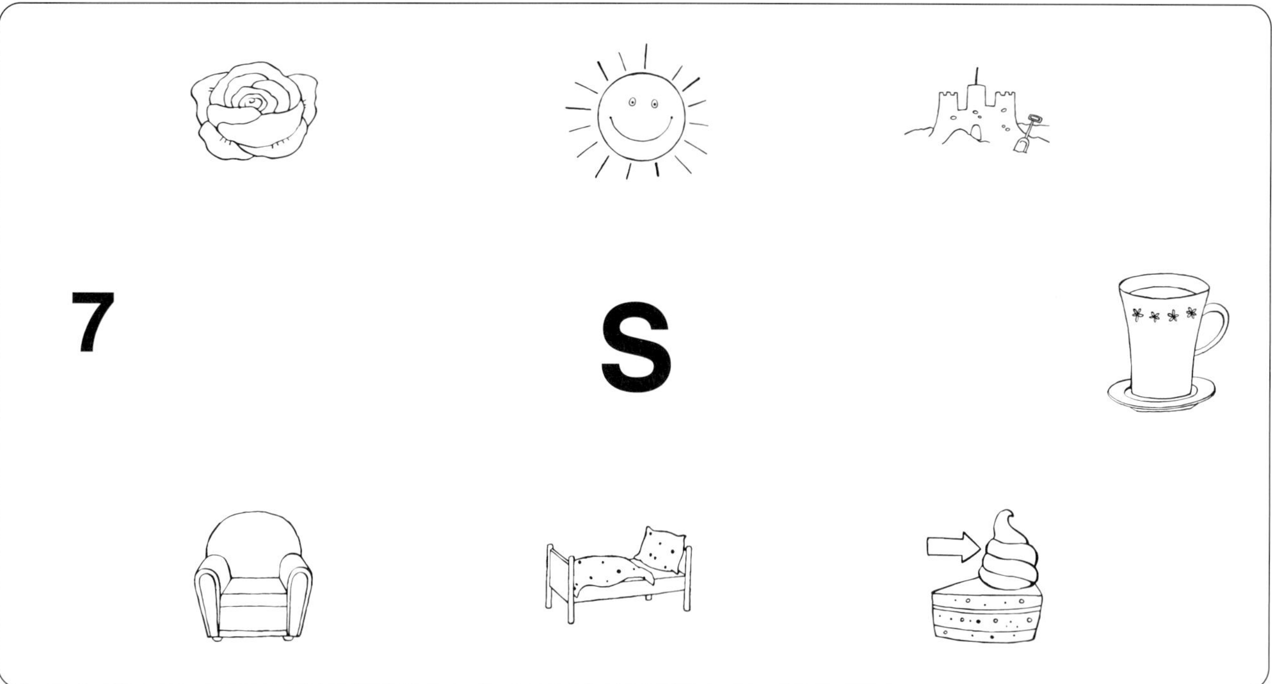

ISBN 978-3-8346-2976-0 | www.verlagruhr.de | Illustrationen: Anja Boretzki

Phonologische Bewusstheit 2 Anlaute

Anfänger 2 – Wörter mit N

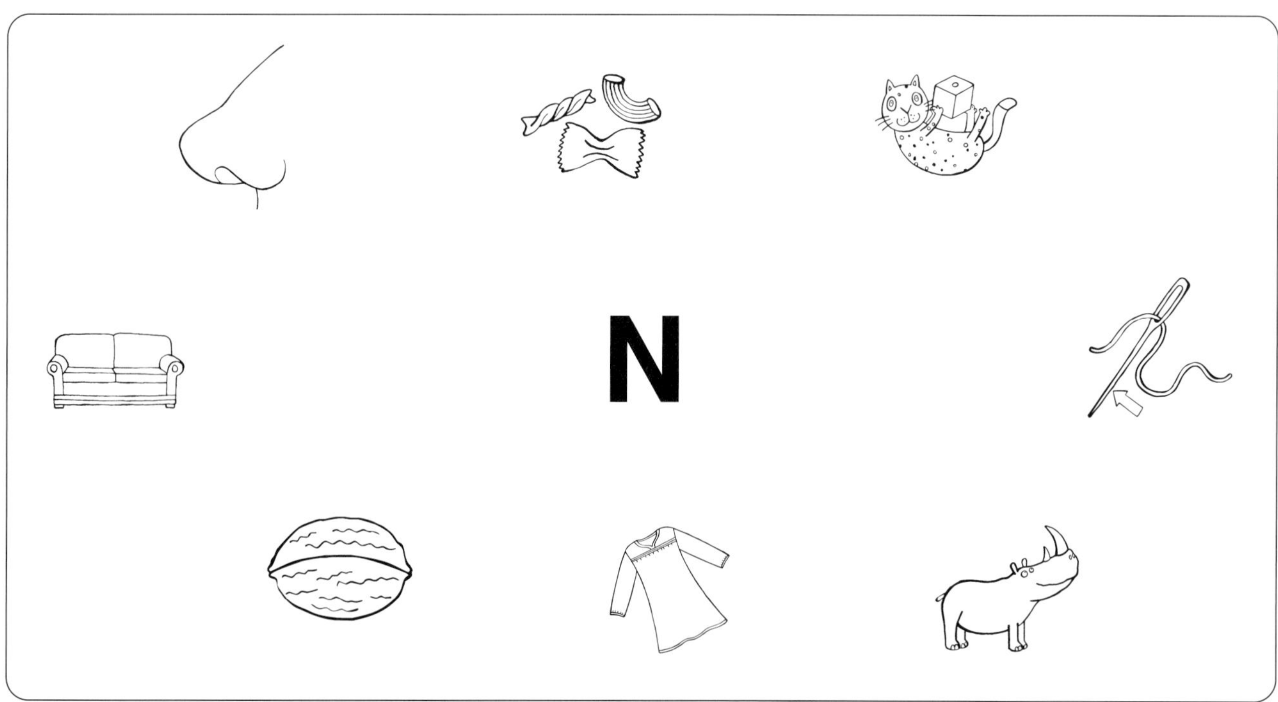

Auditive Wahrnehmung und phonologische Bewusstheit
Basistraining
99
© Verlag an der Ruhr | Autorinnen: Nicola Raschendorfer, Stefanie Schultze-Moderow
ISBN 978-3-8346-2976-0 | www.verlagruhr.de | Illustrationen: Anja Boretzki

Anfänger 2 – Wörter mit F

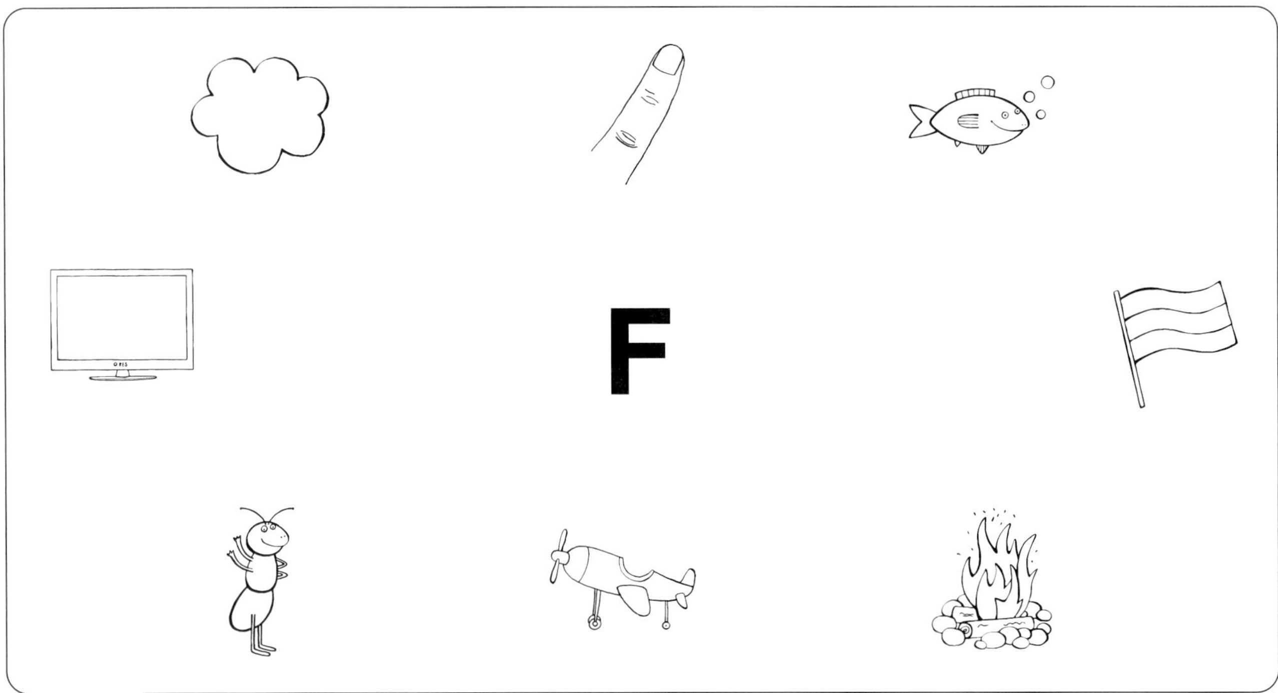

ISBN 978-3-8346-2976-0 | www.verlagruhr.de | Illustrationen: Anja Boretzki

Phonologische Bewusstheit 2 Anlaute

Anfänger 2 – Wörter mit O

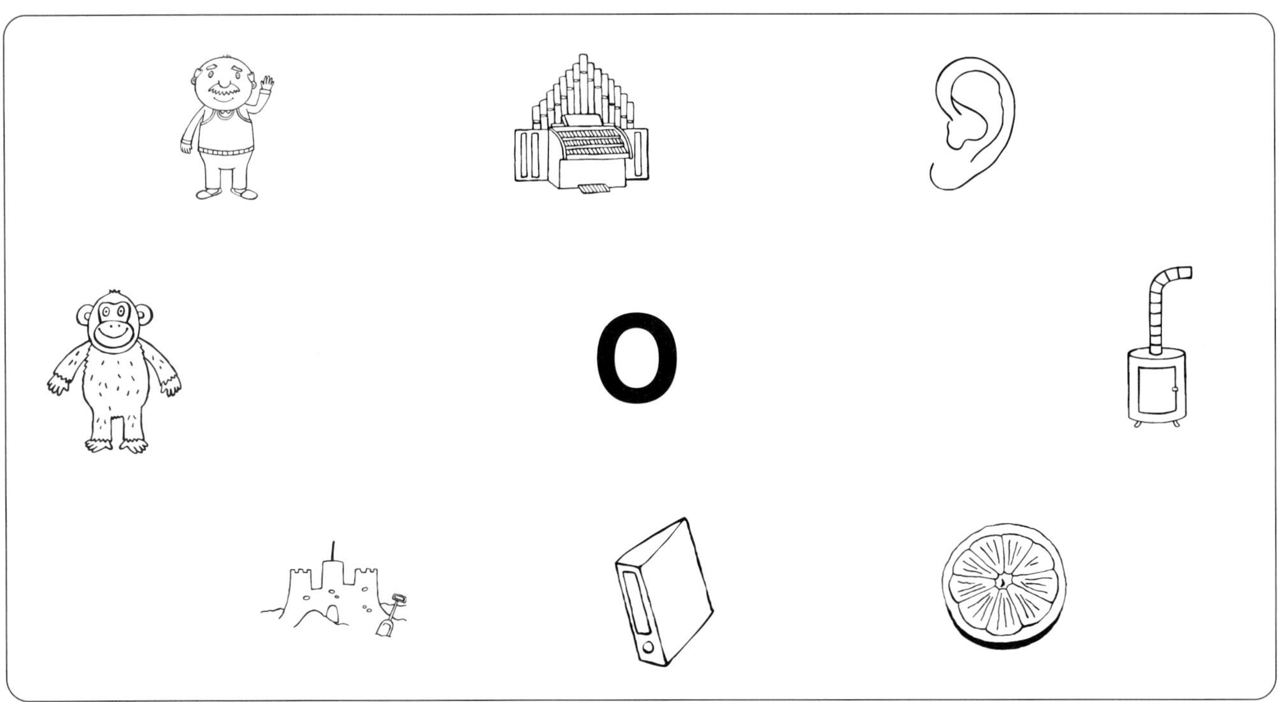

Auditive Wahrnehmung und phonologische Bewusstheit
Basistraining 100
© Verlag an der Ruhr | Autorinnen: Nicola Raschendorfer, Stefanie Schultze-Moderow
ISBN 978-3-8346-2976-0 | www.verlagruhr.de | Illustrationen: Anja Boretzki

Anfänger 2 – Wörter mit R

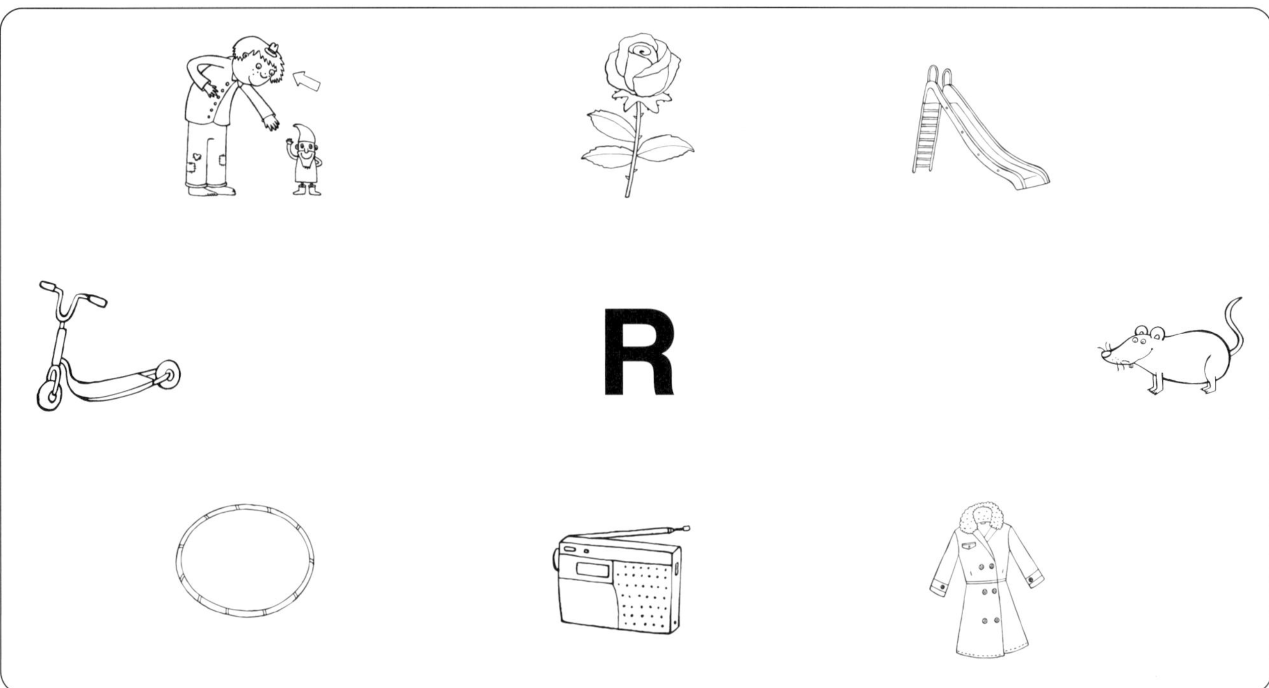

ISBN 978-3-8346-2976-0 | www.verlagruhr.de | Illustrationen: Anja Boretzki

Phonologische Bewusstheit 2 Anlaute

Anfänger 2 – Wörter mit W

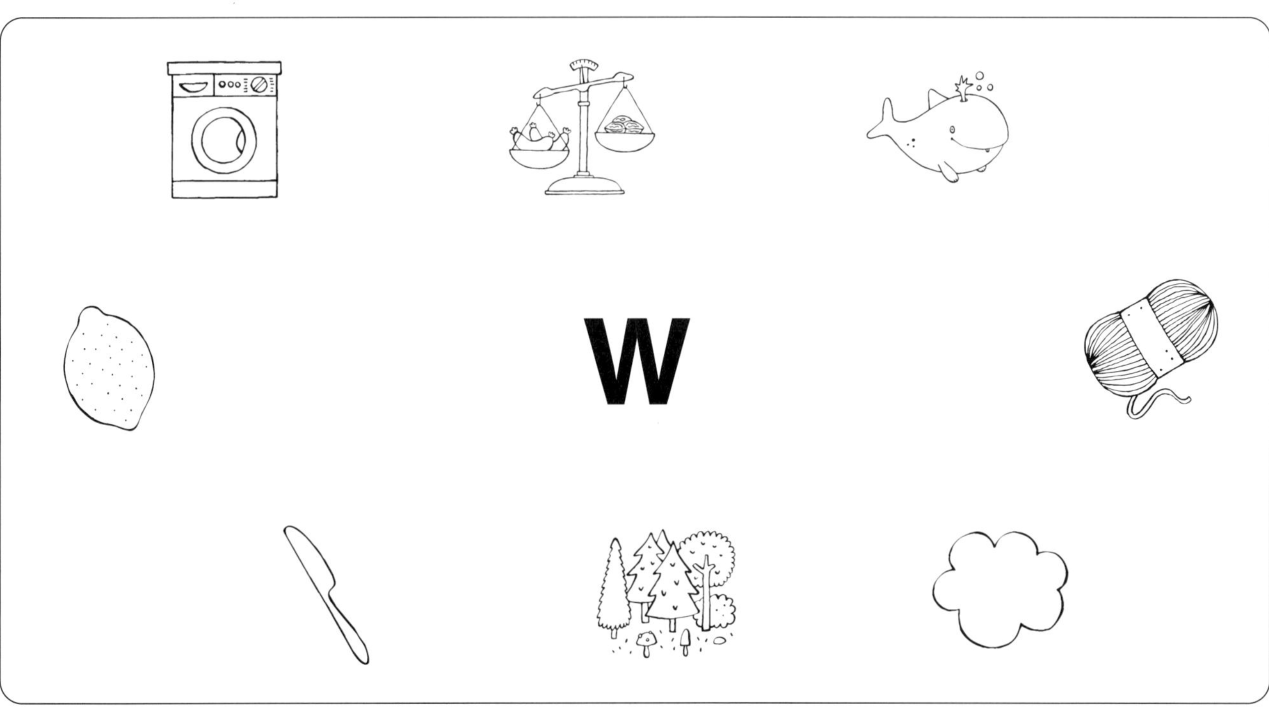

© Verlag an der Ruhr | Autorinnen: Nicola Raschendorfer, Stefanie Schultze-Moderow
ISBN 978-3-8346-2976-0 | www.verlagruhr.de | Illustrationen: Anja Boretzki

Mmm wie Marsmännchen

Sprechen Sie zu Beginn ein Wort vor. Dehnen Sie dabei den Anlaut (z. B. „Nnnn-adel") und lassen Sie die Kinder nachsprechen. Jetzt werden die Kinder aufgefordert, weitere Wörter mit demselben Anlaut zu finden.

Varianten:

1. Die Kinder sollen aus dem Bildkarten-Set (z. B. S. 75–84) alle Wörter finden, die mit dem vorgegebenen Anlaut beginnen.
2. Jedes Kind sucht Wörter, die mit dem Anlaut des eigenen Namens beginnen.
3. Die Übung wird thematisch eingegrenzt, d. h., die Kinder sollen nun Wörter mit demselben Anlaut finden, die einer speziellen Situation zugeordnet werden können. Die Übung macht mehr Spaß, wenn nicht nur ernst gemeinte Dinge zugelassen werden!

   Beispiele:
   - Was kann man essen, das mit „A" anfängt? (z. B. Apfelkuchen, Ananas, Aprikosen, alten Fisch, afrikanische Nüsse, Ameisenschnitzel ...)
   - Welche Dinge gibt es im Klassenzimmer, die mit „M" beginnen? (z. B. Mäntel, Malstifte, müde Kinder, meine Freundin, meckernde Lehrerin, miefende Füße ...)
   - Was wünschst du dir, das mit „L" anfängt? (z. B. Lollis, lustige Comics, lange Ferien, Liebe, lachende Gesichter, Luftschlangen ...)
4. Bei der themenbezogenen Anlaut-Übung können den Kindern Bilder (S. 103) vorgelegt werden, auf denen bunt gemischte Wortvorschläge abgebildet sind. Die Kinder kreuzen diejenigen Bilder an, die ein Wort zum Thema mit einem vorgegebenen Anlaut abbilden. Diese Variante erfordert allerdings einen großen Wortschatz und viel Fantasie!

Mmm wie Marsmännchen

ISBN 978-3-8346-2976-0 | www.verlagruhr.de | Illustrationen: Anja Boretzki

Zaubertrank

Material:

Zeitschriften, Werbebroschüren, Kataloge etc., Papierbögen mit vorgezeichneter normierter Feldgröße, Scheren, Klebestifte sowie eine große Schüssel (besser Kessel)

Stellen Sie viele verschiedene Zeitschriften, Kataloge aus Supermärkten, Möbelhäusern, Spielzeugläden etc., Fotos und Postkarten zur Verfügung (ggf. können die Kinder auch am Vortag gebeten werden, möglichst viel verschiedenes Bildmaterial mitzubringen). Jedes Kind erhält einen Bogen, auf dem ein Raster mit neun Feldern zu sehen ist, und sucht der Größe nach passende Bilder, die es in die Felder klebt. Sobald alle Felder ausgefüllt sind, werden die Bögen laminiert und zu einzelnen Bildkarten zerschnitten. Alle Kärtchen landen in einem großen Kessel (ersatzweise Box oder Schüssel), werden gemischt und fertig ist der Zaubertrank! Fordern Sie jetzt die Kinder auf, sich eine „Zutat" zu ziehen, den ersten Laut des abgebildeten Wortes möglichst gedehnt auszusprechen und ein weiteres Wort zu nennen, das mit demselben Laut beginnt und imaginär in den Zaubertrank geschüttet werden soll.

Varianten:

1. Die Kinder werden angehalten, möglichst viele Zaubertrank-Wörter mit dem Anlaut des abgebildeten Wortes zu finden, und rufen sie in die Klasse.
2. Jeder zieht eine Karte und die Klasse/Lerngruppe findet sich zu Anlaut-Gruppen zusammen. Dabei laufen alle Kinder umher, betrachten die Karten der Mitschüler und entscheiden gemeinsam, ob sie zur gleichen Gruppe gehören.
3. Jedes Kind zieht mit geschlossenen Augen drei Zutaten, um sich einen eigenen leckeren Zaubertrank zusammenzustellen. Sind ungeeignete Dinge auf den Bildkarten abgebildet (z.B. Sofa, Regenbogen, Personen ...), müssen diese durch andere Zaubertrank-Zutaten mit demselben Anlaut ersetzt werden.
4. Die Zutaten des Zaubertrankes werden offen auf dem Tisch verteilt und die Kinder versuchen der Reihe nach, zwei Bilder, die Wörter mit dem gleichen Anlaut abbilden, zu finden.

Geklaute Laute

Geben Sie ein Wort vor, das allen Kindern bekannt ist. Die Kinder versuchen, den ersten Laut zu „klauen", d.h., sie versuchen, das Wort ohne den ersten Laut zu sprechen.

Varianten:

1. Das Kind, das das Wort zuerst richtig ohne den ersten Laut aussprechen kann, darf ein neues in die Gruppe geben.
2. Die Klasse wird in Kleingruppen aufgeteilt. Jede Gruppe spielt für sich, wobei der Spielverlauf unverändert bleibt. Bei dieser Variante ist es empfehlenswert, dass in jeder Gruppe ein Kind ist, das Anlaute bereits sicher identifizieren kann und als Schiedsrichter fungiert.
3. Die genannten Wörter werden pantomimisch dargestellt.

Anlaut-Detektive

Nennen Sie Wörter, bei denen der Anlaut fehlt. Die Aufgabe lautet, so viele Anlaute wie möglich zu finden, um sinnvolle Wörter zu bilden. So gelingt es manchen Kindern vielleicht, zu „-ild" „Bild" und „wild" zu bilden, andere finden außerdem noch „Schild" und „mild". Um die Aufgabe nicht zu kompliziert zu gestalten, ist es den Kindern freigestellt, ob der Anlaut aus einem einzelnen Buchstaben oder aus einem Konsonantencluster besteht.

Wichtig: Alle Varianten der Anlaut-Detektive sind ausschließlich mündlich zu bearbeiten, da zahlreiche Wortvarianten zwar gleich „lauten", jedoch unterschiedlich verschriftlicht werden (z. B. rund/bunt; Ton/Sohn, Leute/Häute ...).

Varianten:

1. Ein Kind zieht aus einem selbst zusammengestellten Bildkartenfundus (Anregungen s. u.) eine Karte und versucht im ersten Schritt, den Anlaut zu isolieren. Dieser soll im nächsten Schritt durch andere Anlaute ersetzt werden, sodass neue, sinnvolle Wörter entstehen.
2. Sollte die Übung in einer Bewegungspause eingesetzt werden, versuchen die Kinder, alle die durch ersetzten Anlaut gefundenen Wortvarianten pantomimisch zu begleiten. Diese Variante soll den Kindern visuell verdeutlichen, dass die Bedeutung eines Wortes von kleinsten formalen Aspekten der Sprache abhängt.

Beispiele:

- Ein Kind spricht „Tasse" und macht eine Trinkbewegung; ein Kind spricht „Kasse" und tippt dabei auf die imaginären Tasten einer Einkaufskasse, bei der letzten Bewegung schließt es mit einem lauten „Bing!" ab; ein Kind spricht „Masse" und macht dabei eine ausholende Bewegung mit beiden Armen; ein Kind spricht „fasse" und berührt seinen Nachbarn.
- Ein Kind spricht „Schiff" und malt ein Segelschiff in die Luft; ein Kind spricht „Kniff" und kneift dabei (leicht) seinen Nachbarn; ein Kind spricht „Pfiff" und pfeift laut auf zwei Fingern; ein Kind spricht „Riff" und stellt pantomimisch Wellen dar, aus denen spitze Berge ragen.

Beispiel-Wortmaterial für „Anlaut-Detektive"

(Nur als Hilfe für die Lehrkraft, die Kinder arbeiten bei dieser Übung nur mündlich)

-on	Ton, Sohn, Thron, Lohn, schon, Mohn
-ild	Schild, mild, wild, Bild, gilt
-al	Schal, Qual, Mahl, mal, Saal, Wahl, Wal, Tal, Zahl, fahl, Strahl, Pfahl
-iff	Schiff, Riff, Griff, Pfiff, Kniff
-ier	Tier, Bier, Gier, mir, dir, ihr, wir, Zier, vier, hier
-aus	Haus, Klaus, Maus, raus, Graus, Laus
-anne	Kanne, Tanne, Wanne, Pfanne, Panne
-ange	Zange, lange, fange, bange, Wange, Stange
-aum	Baum, Saum, Traum, kaum, Schaum, Zaum
-atzen	Katzen, kratzen, Tatzen, Fratzen, patzen
-und	Hund, wund, rund, bunt, Mund, kund
-asse	Tasse, fasse, Masse, Gasse, lasse, krasse, passe, Rasse, hasse
-eiche	Weiche, reiche, Leiche, schleiche, Deiche, gleiche, Teiche
-anzen	Ranzen, tanzen, ganzen, Wanzen, Schanzen
-eute	Leute, heute, Häute, Meute, Beute, scheute

Sammelt Simon Sonnenblumen?

Vorbereitung:

Variante vier erfordert Würfel, die vor Spielbeginn präpariert werden müssen.

Die Kinder werden aufgefordert, lustige Sätze zu erfinden, in denen jedes Wort mit demselben Anlaut beginnt (z. B. „Löwe Leo lacht.“). Es wird vereinbart, dass schwierige Buchstaben wie „C“, evtl. auch „Q“, „X“ und „Y“ bei diesem Spiel entfallen.

Varianten:

1. Das erste Kind startet mit dem Anlaut „A“ und erfindet einen Zweiwortsatz (z. B. „Anna angelt.“). Das nächste Kind in der Reihe denkt sich nun einen Satz mit „B“ aus, das dritte Kind einen Satz mit „D“ etc.
2. Die Übung wird in Kleingruppen durchgeführt, in denen jedes Kind einen Zweiwortsatz formuliert. Die Gruppe wählt den lustigsten Satz aus, indem sie hier besonders laut klatscht. Schwächere Lerner werden in dieser Variante integriert und vor Misserfolgserwartung bewahrt.
3. Der Schwierigkeitsgrad steigt an, indem die Kinder in den nächsten Runden Sätze mit drei („Taucher Toni tanzt.“), vier („Kater Konstantin kocht Kartoffeln.“) oder fünf Wörtern („Tante Trude tapeziert tausend Taschentücher.“) finden sollen.
4. Die Übung wird in Tischgruppen als Würfelspiel gespielt, wobei die Eins auf dem Würfel abgeklebt wird. Eine Differenzierung ist möglich, indem in lernschwächeren Gruppen die Würfelflächen mit fünf und sechs Punkten ebenfalls abgeklebt und durch zwei bzw. drei Punkte ersetzt werden.

6 hat Pech

Vorbereitung:

Stellen Sie für jede Gruppe laminierte Spielpläne (S. 107), Spielsteine sowie einen Würfel bereit.

Bei diesem Spiel handelt es sich um ein Würfelspiel, bei dem die höchste Zahl ausnahmsweise mal nicht die beliebteste ist. Ein Kind in der Kleingruppe nennt einen Begriff und würfelt. Der nächste Spieler muss so viele Wörter mit demselben Anlaut des genannten Begriffes finden, wie der Würfel anzeigt. Die gewürfelte Sechs erfordert also am meisten Anstrengung.

Varianten:

1. Um den Spielcharakter deutlicher hervorzuheben, wird die Kopiervorlage (S. 107) als Spielplan laminiert. Auf jedem Feld ist ein Bild oder ein Fragezeichen abgebildet. Jede Gruppe erhält einen solchen Plan sowie einen Spielstein pro Kind. Alle Kinder starten bei „Start“ und ziehen mit ihrem eigenen Spielstein nach vorn. Für den Start denkt sich jeder ein eigenes Wort aus und würfelt. Das Kind, das an der Reihe ist, nennt der Augenzahl des Würfels entsprechend viele Wörter mit dem Anlaut seines erdachten Wortes bzw. des Bildes, von dem aus es weiterzieht, und rückt dabei für jedes Wort ein Feld vor. Wer einen Fehler macht, muss stehen bleiben. Wer auf ein Feld mit Fragezeichen trifft, darf selbst einen Begriff nennen. Gewonnen hat der, der zuerst das Ziel erreicht.
2. Sind alle Buchstaben bereits eingeführt, können die Felder auch Buchstaben oder Grapheme abbilden (S. 108). Am Spielverlauf ändert sich nichts.

6 hat Pech – Spielplan

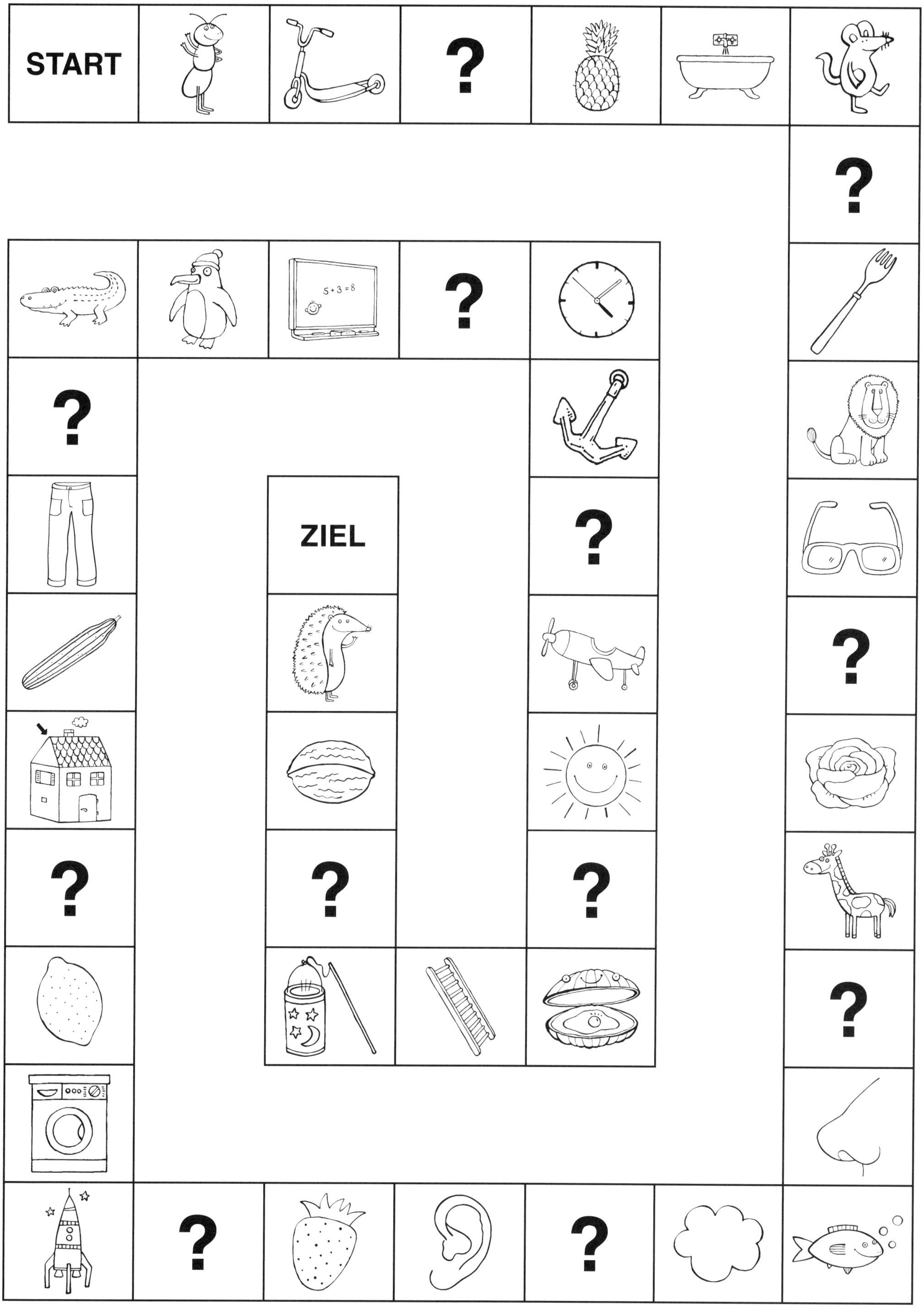

START

?

?

?

?

?

?

?

?

?

?

?

?

ZIEL

ISBN 978-3-8346-2976-0 | www.verlagruhr.de | Illustrationen: Anja Boretzki

6 hat Pech – Spielplan

START	A	W	?	M	R	E
						?
S	K	A	?	L		Z
?				I		P
E		ZIEL		?		J
B		E		R		?
?		?		?		A
T		T		S		N
?		?	M	N		?
L						O
H	?	D	G	?	U	F

ISBN 978-3-8346-2976-0 | www.verlagruhr.de

Inlaute und Endlaute

Nachdem die Kinder ausreichend Erfahrungen mit der Identifikation von Anlauten gemacht haben, können nun Übungen folgen, die den Fokus auf den In- bzw. Endlaut richten und die Übungsbereiche Phonemanalyse bzw. -synthese abschließen.

Die im Kontext „Anlaute" beschriebenen Übungen „Anfänger 1", „Mmm wie Marsmännchen", „Zaubertrank", „Anlaut-Detektive", „Geklaute Laute" sowie „6 hat Pech" können im Hinblick auf die Identifikation der In- und Endlaute variiert werden.

Verkleidungskünstler

Nennen Sie Wörter, die durch Vertauschen eines Inlautes eine neue Bedeutung erhalten. Die Schüler sollen nun versuchen, einen Inlaut zu finden, der eingesetzt werden kann, um ein neues, sinnvolles Wort zu bilden. Die Schüler beginnen damit, den Vokal im Inneren des Wortes auszutauschen (Wortmaterial 1). Im nächsten Schritt versuchen die Schüler, Inlaute in Form von Konsonanten auszutauschen (Wortmaterial 2).

Varianten:

1. Die Kinder werden aufgefordert, selbst sinnvolle Wortpaare mit unterschiedlichem Inlaut zu finden.
2. Die Übung wird in Gruppenarbeit mit zeitlichen Vorgaben durchgeführt. Welche Gruppe hat innerhalb einer Minute eine oder gar mehrere Varianten gefunden? Jede richtige Lösung erhält einen Punkt, die Gruppe mit den meisten Punkten wird prämiert.

Wortmaterial zu „Verkleidungskünstler"

(nur für die Lehrkraft)

Wortmaterial 1

Hase/Hose
Tasche/Tusche
Bild/bald
Buch/Bach
Locke/lecke/Lücke
Riese/rase/Rose
Wagen/wiegen/Wogen
Tante/Tinte
Betten/bitten
Bär/Bier
Tür/Tor/Tier
Kugel/Kegel
Beine/Bohne/Biene
Hund/Hand
Rand/rund
Wald/wild
Säcke/Socke
Vase/Wiese
Nudeln/Nadeln
Himmel/Hummel/Hammel
Tonne/Tanne
Wanne/Wonne
Lob/lieb
Maß/Mus
las/ließ
Boot/bat

Wortmaterial 2

Magen/malen/machen
Raben/raten/ragen
Engel/Enkel
Krallen/knallen
Watte/Wanne
Brunnen/brummen
Band/bald
Treppe/treffe
Schlafen/schlagen
Nagel/Nadel
Seife/Seite/Seile
Falle/fasse
Gummi/Gulli
Kragen/klagen
Karte/kalte/Kante
Regen/reden/Reben
Beine/beide/Beile
Spaten/sparen
Kasse/Karre/Kanne/Kappe
Wiese/Wiege
Schüsseln/schütteln
Lesen/legen
Opa/Oma
leihen/leiten
Bäume/Bäuche

Rätsel raten

In dieser Übung wird das Wortmaterial von „Verkleidungskünstler“ variiert, indem Rätsel formuliert werden, die dadurch gelöst werden, dass der Inlaut eines Wortes durch einen anderen ersetzt werden muss. Lesen Sie das Rätsel vor, wobei Sie das Wort, dessen Inlaut es zu vertauschen gilt, deutlich betonen (z. B. „Mein Hase mit ‚o‘ hat ein Loch.“ – „Hose“).

Varianten:

1. Die Kinder melden sich, um die Lösung zu nennen.
2. Die Kinder werden in Gruppen eingeteilt. Die Gruppe, die als erste die Lösung nennt, erhält einen Punkt. Die Siegergruppe wird prämiert.
3. Die Kinder denken sich in Gruppenarbeit eigene Rätsel aus.

Vorschläge zu „Rätsel raten“:

Das Buch mit „a“ ist ziemlich nass. → **Bach**
Der Engel mit „k“ hat eine Oma. → **Enkel**
Die Tür mit „o“ wird viel größer. → **Tor**
Ein Lied braucht Streifen mit „o“. → **Strophen**
Der Rasen mit „o“ blüht. → **Rosen**
Meine Tante mit „i“ ist blau. → **Tinte**
Der Opa mit „m“ wird eine Frau. → **Oma**
Den Bär mit „ie“ kann man trinken. → **Bier**
Nudeln mit „a“ sind ganz schön spitz. → **Nadeln**
Der Himmel mit „u“ kann fliegen, obwohl er so dick ist. → **Hummel**
Ein Tier mit „ü“ braucht jedes Haus. → **Tür**
Beide mit „n“ können laufen. → **Beine**
Der Sträfling sitzt im Heft mit „a“. → **Haft**

Geheimsprache

Die Übung „Geheimsprache“ knüpft an das Lied „Drei Chinesen mit dem Kontrabass“ an, das vielen Kindern bekannt sein dürfte. Ziel ist es, alle Vokale, die in einem Wort vorkommen, durch einen vorher festgelegten Selbstlaut zu ersetzen. Die Lehrkraft gibt also beispielsweise ein „O“ vor und fragt die Kinder, was sie am Wochenende gemacht haben. Die Kinder antworten dementsprechend „Och wor om Schwommbod“, „Och hobo mono Omo bosocht“, „Och hobo golornt“ etc. Da die Übung ausschließlich mündlich durchgeführt wird, ist keinerlei Vorbereitung notwendig.

Varianten:

1. Die Kinder werden aufgefordert, zu bestimmten Themenbereichen Wörter in der Geheimsprache zu nennen. In der Klassengemeinschaft wird das gemeinte Wort identifiziert und reingerufen.
2. Die Kinder unterhalten sich in Geheimsprache mit ihrem Nachbarn über ein Thema ihrer Wahl.
3. Es werden Kleingruppen gebildet und jedes Kind beschreibt den Gruppenmitgliedern in der Geheimsprache sein Hobby.

Verräter!

Bilden Sie eine Wortkette, indem Sie jeweils mit dem Endlaut des letzten Wortes ein neues Wort bilden. Bauen Sie dabei heimlich „Verräter“ ein, d. h., lassen Sie vereinzelt Wörter mit einem nicht passenden Anlaut einfließen. Das Kind, das den Fehler zuerst bemerkt, ruft „Stopp“ und darf jetzt selbst eine solche Kette bilden.

Varianten:

1. Damit auch schwächere Lerner die Möglichkeit haben, aktiv ins Spielgeschehen einzugreifen, wird das Spiel gruppenweise gespielt. Die Kinder haben fünf Minuten Zeit, in ihrer Gruppe eigene Wortketten zu entwerfen. Die erste Gruppe trägt eine dieser Ketten vor. Sobald eine Gruppe den Fehler der vorgetragenen Kette findet, wird ein eigenes Beispiel vorgelesen.
2. Als Bewegungspause eignet sich die Übung, wenn alle Kinder auf ihren Stühlen sitzen, bis das erste Wort genannt wird, das nicht in die Wörterkette passt. Wer den Fehler bemerkt, steht auf.

Letzter!

Vorbereitung:

Bildkarten-Set (S. 112–115) vorbereiten.

Den Kindern werden Bildkarten präsentiert, auf denen Begriffe mit unterschiedlichen Endlauten abgebildet sind. Die Aufgabe ist es, Bildkarten-Paare zu finden, die dem gleichen Endlaut zuzuordnen sind. Es empfiehlt sich wiederum, diese Übung ausschließlich mündlich durchzuführen, da Kinder, die noch über keine Verlängerungsstrategien verfügen, gleich klingende Auslautkonsonanten (b/p, g/k, d/t, s/ß) noch nicht unterscheiden können.
Eventuell müssen Sie die Kinder darauf hinweisen, dass das „e“ am Wortende anders ausgesprochen wird als am Anfang.

Varianten:

1. Ein ganzes Bildkarten-Set wird vor den Kindern ausgebreitet, es sollen alle Begriffe mit demselben Endlaut gefunden werden.
2. Die Kinder werden aufgefordert, ein weiteres Wort mit demselben Endlaut, das nicht bildlich dargeboten wird, zu finden.
3. Die Kinder erhalten Bilderstreifen, auf denen zwei Wörter mit demselben Endlaut abgebildet sind (S. 116). Aufgabe ist es, diese zu identifizieren und einzukreisen.
4. Es werden nur eindeutig identifizierbare Bildkarten ausgewählt. Die Kinder finden Paare und schreiben die entsprechenden Begriffe auf.

Letzter! – Endlaut e

ISBN 978-3-8346-2976-0 | www.verlagruhr.de

Letzter! – Endlaut a/l

ISBN 978-3-8346-2976-0 | www.verlagruhr.de

Letzter! – Endlaut n/k

ISBN 978-3-8346-2976-0 | www.verlagruhr.de

Letzter! – Endlaut s/t

ISBN 978-3-8346-2976-0 | www.verlagruhr.de

Letzter!

ISBN 978-3-8346-2976-0 | www.verlagruhr.de | Illustrationen: Anja Boretzki

Auf der Mauer, auf der Lauer

Vorbereitung:

Aus dem Fundus der Bildkarten (z. B. S. 75–84, 1- und 2-silbige Wörter) werden nur Begriffe mit maximal zwei Silben verwendet.

Vielen Kindern wird das alte Kinderlied „Auf der Mauer, auf der Lauer“ aus der Kindergarten- und Vorschulzeit bekannt sein. Das Prinzip, dass in jeder Strophe ein weiterer Endlaut entfällt, wird den Kindern am Beispiel des Wortes „Wanze“ erklärt, anschließend wird das Lied gemeinsam gesungen:

Liedtext

Auf der Mauer, auf der Lauer sitzt 'ne kleine Wanze.
Auf der Mauer, auf der Lauer sitzt 'ne kleine Wanze.
Sieh dir mal die Wanze an, wie die Wanze tanzen kann.
Auf der Mauer, auf der Lauer sitzt 'ne kleine Wanze.

Varianten:

1. Die Kinder nennen der Reihe nach ihren Vornamen und probieren das oben beschriebene Prinzip aus, indem sie so lange die jeweiligen Endlaute weglassen, bis der Name auf den Anlaut reduziert ist (z. B. Lisa – Lis – Li – L). Erneut gilt die Prämisse, dass auch mehrgliedrige Grapheme einzelne Laute darstellen können (z. B. ch, sch, qu, nn, tt ...) und somit als Ganzes entfallen.
2. Die Kinder ziehen blind ein Kärtchen aus dem Bildkarten-Set und bearbeiten den abgebildeten Begriff nach dem inzwischen bekannten Prinzip. Der Schwierigkeitsgrad der Übung steigt, je länger die Wörter werden. Um die Aufmerksamkeit der Mitspieler aufrechtzuerhalten, sollten sich jedoch nur Wörter mit maximal zwei Silben im Set befinden.
3. Steht die Synthese im Fokus der Lerneinheit, werden die Kinder aufgefordert, die auf den Anlaut reduzierten Wörter wieder „aufzubauen“ (z. B. L – Li – Lis – Lisa).

Wörterschlange

Die Kinder stehen im Kreis. Ein Kind, dessen Vorname mit „A“ beginnt, nennt ein beliebiges Wort. Der Spieler links neben ihm muss mit dem Endlaut dieses Wortes ein neues Wort bilden (z. B. Hund – Dame – Esel – ...) und gibt wiederum an seinen linken Nachbarn ab.

Variante:

Bei der Variante für eine Bewegungsstunde laufen die Kinder durch die Turnhalle. Das Kind, das als nächstes Geburtstag hat, nennt ein beliebiges Wort, mit dessen Endlaut das nächste Wort gebildet werden muss. Derjenige, der am schnellsten ein solches Wort nennen kann, ruft es, legt die Hände auf die Schultern des ersten Spielers und bildet so das zweite Glied der Kette. Das Spiel endet, wenn alle Kinder Teil der Schlange geworden sind. Es darf geholfen werden!

Zwiebel zwei

Vorbereitung:

Für die Variante drei müssen Bingo-Karten hergestellt werden, auf denen die Kinder die Anordnung ihrer Buchstaben selbst wählen und eintragen können. Als Vorgabe gilt hier, dass zwei gleiche Buchstaben nicht neben- oder untereinander stehen dürfen.

Zum Abschluss der Übungen, die Operationen zur Identifikation von Phonemen fördern, bietet „Zwiebel zwei" eine Herausforderung für Experten. Nennen Sie ein beliebiges Wort und eine Zahl, die die Lautanzahl des genannten Wortes nicht überschreiten darf (z.B. „Zwiebel zwei"). Die Kinder isolieren die Phoneme des Wortes und nennen den Laut, der mit der genannten Zahl korrespondiert (in unserem Beispiel den zweiten Laut in Zwiebel, d.h. „w"). Der Schüler, der als erster die richtige Lösung nennt, darf eine neue Aufgabe stellen.

Varianten:

1. Die Kinder melden sich, um die Lösung nennen zu dürfen.
2. Die Übung wird in Kleingruppen praktiziert, wobei ausnahmsweise darauf geachtet wird, dass sich sehr starke und sehr schwache Schüler nicht in derselben Gruppe zusammenfinden.
3. Die Kinder erhalten kopierte oder laminierte Bingo-Vorlagen (S. 119), auf denen sie Buchstaben/Grapheme ihrer Wahl eintragen. Nennen Sie ein Wort und eine Zahl. Die Kinder kreuzen den jeweils gesuchten Laut an, sofern er auf ihrer Karte verzeichnet ist. Gewonnen hat derjenige, der nach üblichem Bingo-Prinzip als Erster eine waagerechte, eine senkrechte oder eine diagonale Reihe angekreuzt hat. Bei dieser Variante ist darauf zu achten, dass nur Sie die Aufgaben stellen und damit uneindeutige Phonem-Graphem-Zuordnungen vermeiden können.

Bingo-Vorlage

ISBN 978-3-8346-2976-0 | www.verlagruhr.de